多元视角下高职学生管理工作的创新发展研究

崔　佳　著

北京工业大学出版社

图书在版编目（CIP）数据

多元视角下高职学生管理工作的创新发展研究 / 崔佳著 . — 北京：北京工业大学出版社，2022.11
ISBN 978-7-5639-8495-4

Ⅰ . ①多… Ⅱ . ①崔… Ⅲ . ①高等职业教育－学生－学校管理－研究－中国 Ⅳ . ① G718.5

中国版本图书馆 CIP 数据核字（2022）第 186525 号

多元视角下高职学生管理工作的创新发展研究
DUOYUAN SHIJIAO XIA GAOZHI XUESHENG GUANLI GONGZUO DE CHUANGXIN FAZHAN YANJIU

著　　者：崔　佳
责任编辑：张　娇
封面设计：知更壹点
出版发行：北京工业大学出版社
　　　　　（北京市朝阳区平乐园 100 号　邮编：100124）
　　　　　010-67391722（传真）　bgdcbs@sina.com
经销单位：全国各地新华书店
承印单位：北京银宝丰印刷设计有限公司
开　　本：710 毫米 ×1000 毫米　1/16
印　　张：11.5
字　　数：230 千字
版　　次：2022 年 11 月第 1 版
印　　次：2022 年 11 月第 1 次印刷
标准书号：ISBN 978-7-5639-8495-4
定　　价：72.00 元

作者简介

崔佳，女，毕业于南昌大学人文地理专业，硕士研究生。现为河北机电职业技术学院副教授，机械工程系党总支副书记，从事学生管理相关研究，在相关专业研究领域发表多篇论文。曾获"河北省模范教师""河北省学校思想政治教育先进个人""河北省教育系统志愿服务先进个人"等荣誉称号及"河北省高校辅导员年度人物提名奖"。

前　言

　　随着时代的快速发展，我国的教育改革不断地深入，高职院校作为培养高素质人才的重要教育基地，在管理方面出现了一定的问题。高职学生管理工作水平的高低对学校教育水平的高低有着较大的影响，对于学生的综合素质也有着一定程度的影响。高职学生管理工作需要结合本校的实际情况全面地构建创新机制，从而加强学生管理工作。

　　全书共七章。第一章为绪论，主要阐述了高职院校及其特点、高职学生管理的科学内涵、高职学生管理工作的内容、高职学生工作者的角色与素质定位、高职学生管理工作的重要地位等内容；第二章为高职学生管理工作的现状，主要阐述了高职学生管理工作取得的成绩和存在的问题等内容；第三章为多元视角下高职学生管理工作的机遇与挑战，主要阐述了"互联网+"背景下高职学生管理工作的机遇与挑战、大数据背景下高职学生管理工作的机遇与挑战、微时代背景下高职学生管理工作的机遇与挑战、自媒体背景下高职学生管理工作的机遇与挑战等内容；第四章为高职学生日常管理工作机制的创新发展，主要阐述了高职学生管理主体的创新、高职学生管理过程的精细化、高职学生管理手段的创新等内容；第五章为高职学生校风管理工作机制的创新发展，主要阐述了高职校风管理的创新和高职教风管理的创新等内容；第六章为高职学生管理机构与队伍建设的创新发展，主要阐述了高职学生管理机构的设置、高职学生管理工作队伍建设、高职学生管理工作者的素质要求等内容；第七章为多元视角下高职学生管理工作的创新策略，主要阐述了"互联网+"背景下高职学生管理工作的创新、大数据背景下高职学生管理工作的创新、微时代背景下高职学生管理工作的创新、自媒体背景下高职学生管理工作的创新等内容。

　　在撰写本书的过程中，笔者借鉴了很多国内外相关的研究成果如著作、论文等，在此对相关学者、专家表示诚挚的感谢。

　　由于本人水平有限，书中有一些内容还有待进一步深入研究和论证，在此恳切地希望各位同行专家和读者朋友予以斧正。

目　录

第一章　绪　论…………………………………………………………… 1

　　第一节　高职院校及其特点………………………………………… 1

　　第二节　高职学生管理的科学内涵………………………………… 3

　　第三节　高职学生管理工作的内容……………………………… 11

　　第四节　高职学生工作者的角色与素质定位…………………… 13

　　第五节　高职学生管理工作的重要地位………………………… 20

第二章　高职学生管理工作的现状…………………………………… 23

　　第一节　高职学生管理工作取得的成绩………………………… 23

　　第二节　高职学生管理工作存在的问题………………………… 26

第三章　多元视角下高职学生管理工作的机遇与挑战…………… 33

　　第一节　"互联网＋"背景下高职学生管理工作的机遇与挑战…… 33

　　第二节　大数据背景下高职学生管理工作的机遇与挑战……… 43

　　第三节　微时代背景下高职学生管理工作的机遇与挑战……… 46

　　第四节　自媒体背景下高职学生管理工作的机遇与挑战……… 49

第四章　高职学生日常管理工作机制的创新发展………………… 55

　　第一节　高职学生管理主体的创新……………………………… 55

　　第二节　高职学生管理过程的精细化…………………………… 63

　　第三节　高职学生管理手段的创新……………………………… 68

第五章　高职学生校风管理工作机制的创新发展 …………………… 90

　　第一节　高职校风管理的创新 ……………………………………… 90

　　第二节　高职教风管理的创新 ……………………………………… 103

第六章　高职学生管理机构与队伍建设的创新发展 …………………… 117

　　第一节　高职学生管理机构的设置 ………………………………… 117

　　第二节　高职学生管理工作队伍建设 ……………………………… 122

　　第三节　高职学生管理工作者的素质要求 ………………………… 134

第七章　多元视角下高职学生管理工作的创新策略 …………………… 142

　　第一节　"互联网+"背景下高职学生管理工作的创新 …………… 142

　　第二节　大数据背景下高职学生管理工作的创新 ………………… 149

　　第三节　微时代背景下高职学生管理工作的创新 ………………… 161

　　第四节　自媒体背景下高职学生管理工作的创新 ………………… 168

参考文献 …………………………………………………………………… 174

第一章 绪 论

随着经济水平的不断提高，我国的教育事业得到了蓬勃发展，这使我国的教育制度不断得到完善。在这样的大背景下，高职院校要保障自身的教学质量，从而培养更多的优秀人才。在这个过程中，高职院校必须加强对学生的管理，构建有效的管理机制，并将多样化的工作策略运用其中，实现对学生的有效管理。本章分为高职院校及其特点、高职学生管理的科学内涵、高职学生管理工作的内容、高职学生工作者的角色与素质定位、高职学生管理工作的重要地位五部分，主要包括高职院校概念界定、高职院校的特点、高职学生管理的概念、高职学生管理的特点、高职学生工作者的角色定位等内容。

第一节 高职院校及其特点

一、高职院校概念界定

高职院校是高等职业院校的简称，是职业技术教育的高等阶段，是高等教育的重要类型，也是我国职业教育的重要组成部分，担负着培养面向生产、建设、服务、管理第一线的高技能、应用型专门人才的使命。根据教育部相关规定，从20世纪末起，非师范、非医学、非公安类专科层次全日制普通高等学校应逐步规范校名为"职业技术学院"，而师范、医学、公安类专科层次全日制普通高等学校则应规范校名为"高等专科学校"。"职业技术学院"是高等职业院校的特有校名后缀。党的十七大对教育问题有一系列重要论述，其中提到的"大力发展职业教育，提高高等教育质量"是我国高职教育事业发展中永远不变的主题。

二、高职院校的特点

（一）学历层次以专科为主、本科为辅

高职院校的学生培养层次，以前以专科为主，主要招收普通高中毕业生以及高中同等学力者（中等职业学校毕业生）。在我国高职教育规模跨越式发展的过程中，为响应教育部构建现代职业教育体系的规划，以及缓解经济环境对人才大量需求的社会问题，部分国家示范性高等职业院校从 2012 年起也开始试办本科层次的相关专业。也就是说，在我国，高等职业教育现在已经包括本科和专科两个学历的教育层次。而在其他一些国家和地区，其高等职业教育体系则可能完整地涵盖了专科、本科、硕士、博士等层次的学历教育。在对不同层次培养对象的培养过程中，高职院校需要考虑他们的不同特点，采取针对性的措施来发挥他们的优势，弥补他们的不足。

（二）培养目标为技术型人才

政府提出了高职教育人才培养模式适时转型的一系列指导思想，同时也确立了高职院校的办学宗旨，即培养具有一定管理经验的技术型人才，而不是输送高级科研人才。教学上既注重基础性理论知识的传授，更突出对实践知识的要求和实践操作能力的培养，要求学生动手能力一定要强。所以，高等职业教育以培养技术型人才为主要目标，实行弹性学制，专科要经过三年的基本修业年限，本科要经过四年的基本修业年限，非全日制的修业年限可以适当延长。其培养技术型人才的目标是追求人才的实用化，实际就是在完全中等教育的基础上培养出一批具有大学知识，同时又具备一定专业技术和技能的人才，其知识讲授以能用为度、实用为本。通过为社会培养实用型人才，进而可以让高职院校与社会上广大企业之间的联系更加紧密。

（三）教育形式与就业教育、创业教育、全民教育相互渗透

针对当前国内的经济和政治新形式，新增劳动力职业素质有待进一步提高的问题，国家也加大对职业教育，尤其是对高等职业教育的实施力度，要求高职院校在职业教育基础上努力贯彻落实企业培训的学习计划，帮助高职学生提前做好就业准备。近几年，国家也特别重视在职业教育中实施以开办小企业为目标的创业教育，为学生进行自主创业的筹划和准备工作提供基础保障，同时职业教育也能增强社会的凝聚力并发挥整合作用。可以说，这是现代职业教育的新理念。

另外，随着信息经济的发展，终身教育理念逐步深入人心，人们对知识的渴

求也呈现上升趋势，所以将职业教育体系与其他教育形式有机结合起来，创造一个有关终身教育的完整连续统一体已成为世界性的发展趋势，有助于增加人民群众接受高等教育的机会，推动教育公平和区域统筹乃至整个社会的和谐发展。

第二节　高职学生管理的科学内涵

一、高职学生管理的概念

高职学生管理是高职院校领导和管理人员为了实现高职院校的学生培养目标，按照国家的教育方针和各项政策法令，科学地、有计划地对学校内部的人、财、物、时间、信息等进行组织、指挥、协调并对其进行预测、计划、实施、反馈、监督等的一门管理科学。

高职学生管理作为学校管理的重要组成部分，具有十分广泛而深刻的内涵。

首先，它要研究管理对象（即青年大学生）的生理、心理特征，知识、能力结构，兴趣爱好及社会氛围对他们的影响，掌握他们的思想变化及教育管理的规律。其次，它要研究管理者本身（即学生工作专职人员）必备的思想、文化、理论及业务素质，以及这些素质的培养和管理队伍的建设。最后，它还要研究学生管理的机制和一般管理的原则、方法，以及学生在学习、生活、课外活动、思想教育中的具体管理目标、原则、政策、法规等。

高职学生管理是一项教育工作，它具有教育科学所包含的规律，同时也是一项具体的管理工作，具有管理科学所包含的规律。它涉及很多学科：马克思主义哲学、高等教育学、社会学、心理学、管理学、行政学、统计学、控制论、信息论、系统论等。因此，研究中国大学生管理必须广泛运用各种有关的科学理论，这样才能使从事学生管理工作的人员用科学的管理指导思想和管理手段进行有效的管理。

对大学生进行严格管理的过程中，要正确处理以下两种关系。

第一，学生管理与规章制度的关系。高职学生管理要通过制定并实施必要的规章制度来实现。教育部根据党和政府的教育方针、大学生成长的特点以及长期以来的工作经验制定了《普通高等学校学生管理规定》，这是对大学生进行科学管理的一个基本的法规性文件。各高职院校也结合自己的实际情况整章建制，制定了一系列的规章制度。学生管理的实践反过来又丰富了规章制度的内容，使之更全面化、科学化。

第二，学生管理与思想政治教育的关系。在强调管理工作重要意义的同时，不可忘记思想政治教育的重要保证作用。任何只强调严格管理而忽视思想政治教育，或只强调思想政治教育而置制度管理于不顾的做法都是片面的、不可取的。因为管理也是教育的一种手段，教育又能保证管理的推行和实施，所以只有把严格管理与思想政治教育有机结合起来，才能使学校工作真正走上井然有序的轨道。

二、高职学生管理的特点

（一）针对性

学生管理既然是管理，就不可能脱离管理学科的特点，它不可避免地要吸收国内外管理科学方面的理论知识和工作经验。但大学生管理不同于一般的管理，它有着自己的特殊性。这些特殊性主要表现在以下四个方面。

第一，管理的对象是大学生（就其社会角色而言），他们本身就是一个特殊的社会群体，是一群掌握着一定基础知识和专业知识的潜在人才群体；第二，管理的对象是青年（就其生理、心理角色而言），他们处于血气方刚、激情澎湃、感情冲动、充满朝气的人生阶段；第三，这个青年群体与军事编制中的军人青年群体是不同的，他们的首要任务是学习而非战斗；第四，管理的对象是正在接受知识教育和思想道德教育的青年群体，他们是一个处于想独立而在经济上又不能独立的半独立状态的青年群体。上述四个方面的特点决定了高职学生管理的针对性，决定了高职学生管理必须涉及青年学、生理学、心理学、教育学、人才学和管理学等方面的知识。

从青年学（含生理学、心理学）的角度而言，我们应当看到，大学生管理面对的是一群有血有肉、生龙活虎和朝气蓬勃的年轻人，他们的世界观、人生观、价值观尚未完全定型，他们对异性的关注、与异性的交往、对爱情的渴望、对性道德的理解和对人生的理解等都有着我们这个时代的烙印，受到所处的时代环境的影响，与20世纪五六十年代生长起来的一代人是有着明显区别的。要管理好他们，就必须研究了解他们；要研究了解他们，就必须把握时代特征；要把握时代特征，就必须弄清楚这个时代的政治、经济、文化及科学技术发展的大方向。

从教育学的角度而言，高职学生管理必须有利于青年大学生的成长，必须符合教育规律。换言之，就是大学生管理必须按教育学、人才学所揭示的规律进行。比如，大学生德育、智育、体育、美育、劳动教育如何在学生管理中有机融合的问题；知识的获得与能力的培养如何有机协调的问题；尊重学生个性与学校统一管理如何获得有效一致的问题；课堂教学与社会实践如何结合的问题等，都是需要认真研究探索的。

从管理学的角度而言，科学的管理从本质上讲是法治化、人性化的管理。管理的有效实施离不开规章制度的建设，而法律与规章制度的制定往往是以一定的理念为指导的。在法学中，指导法律制定的是法理（法律理论）；在政策学中，指导规章与政策制定的是政治理论和与政治理论相关的哲学理论。由于法律、规章及政策所针对的都是人，所以两者都离不开对人的理性化认识。也就是说，如果一种规章制度与受它管束的人的本性是相悖的，是非人性化的，那么，这个规章制度必然得不到良好的执行；即使执行了，也会带来许多负面影响。对于学校来说，这种负面影响必定是不利于学生成长和人才培养的。

（二）科学性

对于高职院校而言，建立一套集德、智、体、美、劳及日常生活管理于一体的系统管理制度，其实质是一种约束和规范，即把学生的思想、情感、行为和意志等引导到国家所倡导的培养目标上去。这一活动目标的实现要求制度具有科学性，而高职学生管理制度的科学性至少包括以下几个方面的内涵。

1. 符合法律法规

即要求我们的学生管理制度符合国家法律法规精神的要求。

2. 符合学校实际

学校实际包括学校的层次、类型以及学校所在地的地域与人文风情。

3. 符合大学生生理心理特点

这就要求高职学生管理制度制定者必须了解学生，既了解大学生的实际情况，又清楚我们的培养目标与要求。

（三）可操作性

作为管理制度，尽管有理论指导，但又与理论有所不同，其最大的特点就是它只有具有可操作性才能真正达到管理的目的。没有可操作性的制度，再好也只能是理论上正确而不能执行的制度。如果不顾实际情况，不根据发展了的政治、经济形势和法律规章而坚持推行在原来的形势下制定的相关制度，其结果必然是无法操作的无效制度，导致的最终结果是不利于高职院校的发展、学生的成才，更不利于党的教育方针的有效实施。

三、高职学生管理的对象

所谓管理对象，是指"管理活动的承受者"。随着人类认识的深化和管理的科学化、复杂化，不同时期、不同学派对其有不同的内容和见解：一是指管理活动所作用的各种具体对象，最初是人、财、物三要素；后增加了时间、空间，成为五要素；后又增加了信息、事件，成为七要素。二是指管理活动所作用的特定系统，即把管理对象作为由多种因素组成的有机整体。系统与外界环境有信息、能量、物质交流。高职学生管理作为高职院校管理工作的重要组成部分，其相对应的工作对象无疑是高职学生。从广义角度来看，这些学生应包括所有在高校求学的学生，因为这些人都是高职学生管理活动的承受者。高职学生管理牵涉诸多知识体系，包括管理学、教育学、青年心理学、政治学、人才学等，因此，高职学生管理是一门综合性、政策性很强的应用科学。它有自己独特的研究对象，这个对象就是学生管理活动本质的、内在的联系及其发展变化的规律。

高职学生管理作为学校管理的一个重要方面，同其他管理工作一样，都是以教育领域某一方面的特殊现象和规律为研究对象的，它必然受到教育领域总规律的支配与制约。因此，它又不同于管理工作中的其他类型工作，具有相对的独立性。人们只有既认识到高职学生管理工作与其他管理工作的密切联系，又认识到它与其他管理工作的不同特点，才能真正揭示高职学生管理现象本身所具有的特殊规律，使之成为一门具有特殊性并富有成效的管理工作。

作为一项管理工作，一般而言，总要有相应的学科知识成为其所依循的工作方针。而一门学科的成立必须具备一个必不可少的条件，即它必须具有一套系统的范畴体系。范畴体系既体现了研究的角度，也展示了研究的内容，同时又表明了其相互间的关系。因此，准确而恰当地表述高职学生管理学的研究内容，最好的办法是确立这门科学的框架和范畴体系。高职学生管理工作要研究的内容应涵盖以下几方面：

①学科理论的研究。其包括高职学生管理科学的性质、理论基础、研究对象和领域、主要研究任务、学科的地位和作用，高职学生管理的指导思想和原则，如何对历史经验进行抽象和概括以将其纳入理论体系之中，如何移植、融合相关学科的理论，不断丰富、完善和发展高职学生管理科学等。

②方法论的研究。研究高职学生管理科学的方法论，一方面要研究根本的思想方法；另一方面还要研究具体的管理方法，如思想政治教育管理、大学生社区管理、教学与学籍管理、校园文化管理（含网络管理）、奖惩制度管理、社会实践管理、社团管理、心理健康与咨询管理、就业管理、学生党员管理与党建

管理、学生干部队伍管理、学生群体性突发事件的应急管理等方面的管理方法与手段。

③组织学的研究。高职学生管理是一项系统工程，必须形成有效的网络系统，发挥最大的组织功能。如高职学生管理的组织领导体制、学生管理队伍的建设、学生管理的现代化趋势等，都必须做更为深入、全面的探讨。

④学生管理制度与国家法律法规、中央相关政策、教育规律、教育法规、政治文明建设进程的相互关系以及相关政策、法规和知识系统的研究。

⑤学生成长规律、心理生理特点与管理工作的有机联系研究，青年群体之间相互作用关系与高职学生管理工作的互动共生研究。

四、高职学生管理相关理论

（一）人本管理理论

人本管理是以人为本的管理的简称。人本管理往往把人作为考虑一切问题的根本，因此也可以称为以人为根本的管理。早在 20 世纪 30 年代，西方很多企业已经把员工作为企业最重要的资源，他们根据员工的兴趣、特长、能力、心理状况等来科学合理地为其安排最合适的工作。他们参考了早期马斯洛的需求理论，在工作中兼顾员工的成长和价值，通过使用科学的管理方法，进行企业文化建设并实施人力资源开发计划，在工作中充分地调动和发挥企业员工工作的积极性、主动性和创造性，进而提高工作效率、增加工作业绩，以求让员工在实现企业目标的过程中发挥最大的作用。

而人本管理对于高职学生管理而言，主要是要求高职学生管理做到区别于传统以物为中心的物本管理。要求高职院校开展学生管理工作既要依靠原则规定、制度约束、规范管理等硬性手段来开展，更要通过培养、锻炼和调动学生的情感、意志、思想等方法来加以完善。这就从人本的角度对目前高职学生管理工作提出了新的要求。同样，在高职院校实施学生管理信息化过程中，更要注重以人为本的管理理念，学校各级管理者首先应该树立"以人为本"和"管理育人"的理念，积极创造民主、自由、平等、有效的育人环境，制定和实施正确的管理政策、措施。在实施学生管理信息化过程中要把学生当作学校管理之本，强调以学生为中心，特别要重视学生作为青年人的特征，充分尊重他们的爱好和兴趣，最大限度地满足他们的种种合理需要，维护学生的权益和利益，充分调动学生发展的积极性，切实服务学生。

（二）目标管理理论

目标管理即"Management By Objectives"，简称 MBO。1954 年，美国管理学专家彼得·德鲁克（Peter Drucker）在其名著《管理实践》中首次提出了目标管理的概念。当时，科学和经济的蓬勃发展促使企业规模越来越大，企业分工越来越细，专业性越来越强，而整体的一致性和协调配合相较于分工专业性等问题则更容易被忽视。在这种情况下，如果管理者不能及时地应对外部环境的变化，继续使用以往忽视人性的管理模式，仍然采用家长式的"压迫式"管理模式，就不能完全控制整个局面，同时造成了管理者与被管理者对立的局面。因此，管理学专家彼得·德鲁克结合管理的实质提出了"目标管理"理论，该理论在重视理性管理的同时也兼顾了人性化管理。其通过设定目标激发人的动机，引导人的行为，使人的需求与个人的期望和目标挂钩，以充分调动人的工作热情、唤起人的积极性和创造性为基本内涵。新的管理方法是在确定总目标的基础上确定一定时间的分目标，并为努力实现这一分目标而进行进一步的组织管理和控制。用"目标"代替手段，实现对下属的管理是其主要精髓所在。

21 世纪以来，随着高等教育改革的不断深化，高职学生管理工作也面临许多新情况。招生和就业制度的改革给高职学生管理带来了较多挑战，再加上教育教学内容及方式改革所带来的挑战，学生个体情况发生变化带来的挑战，以及网络设备及新媒体发展的突飞猛进更给高职学生管理应用信息化手段带来了较大的不确定性。因此，高职院校在实现学生管理信息化的过程中可以参照企业目标管理的理念，首先重视人的因素，让学生和一线学生管理人员参与信息化项目目标的制定，同时也要注意建立目标体系。当学校组织者确立总体目标之后，必须对其进行有效分解，把学生管理信息化的目标转变成个人和各个部门的目标，以实现学生管理信息化工作的高效开展。

（三）过程型激励理论

在很长一段时间里，管理学的核心问题一直是激励问题。基于人类行为的不同假设从而提出不同激励机制。这一直是行为管理学派、科学管理学派以及其他一些管理学派之间的一个最基本分歧。"激励"一词在管理学与经济学中的含义也各不相同。相对于以强调人的内在动机为基础的管理学中的"激励"，经济学中的激励更多强调利用外部手段，例如激励、惩罚来诱使人采取某些行动。长期以来，经济学与管理学的激励理论研究并没有充分地结合起来，而是一直泾渭分明。管理学中的"行为科学"在 20 世纪 30 年代以后得到了迅速发展，现代非常有影响力的一些激励理论大多是建立在"行为科学"这一理论基础上的。现代激励理论的发展则经历了从侧重对激励内容的研究到对激励过程的探索，同样，过程型激励理论是指着重研究人从动机产生到采取行动的心理过程。根据激励理论的要求，激励具有促进社会交往和人际关系和谐、激起创造的欲望、健全人格等心理效应。期望理论是过程型激励理论的一种，美国心理学家维克托·弗鲁姆（Victor Vroom）的期望理论认为，一种行为倾向的强度取决个体对于这种行为可能带来的结果的期望强度以及这种结果对行为的吸引力。期望理论的基本模式是：激励 = 效价 × 期望值。该模式表明，能够以最大化效价满足个人需要的是行为目标，如果实现目标的可能性过小，那么激励效果也就不会十分明显；相反，虽然某种目标实现的可能性很大，但如果对于个人没有很大的价值，那么个人的积极性也不会被明显地激发出来。如果要取得明显的激励效果，那么应当使效价和期望值都足够大。

五、高职学生管理的指导思想

（一）坚持马克思主义关于人的全面发展的理论

坚持马克思主义关于人的全面发展的理论，培养有理想、有道德、有文化、有纪律的全面发展的高级专门人才，是我国高职教育的根本任务。高职院校的性质决定了其必须确保培养出来的毕业生不仅要有扎实的科学文化知识和健壮的体魄，而且必须具有高度的社会主义觉悟，也就是要有理想、有道德、有文化、有纪律。要培养这样的新人，就必须按照马克思主义关于人的全面发展的教育思想办学。马克思主义教育思想的核心就是关于人的全面发展的学说，培养德、智、体、美、劳全面发展的社会主义事业建设者和接班人的教育方针，是马克思主义这一理论精髓的具体运用。

（二）运用马克思主义关于辩证唯物主义的理论

运用马克思主义关于辩证唯物主义的理论，用对立统一观点指导高校学生管理，在管理中坚持整体观。马克思主义辩证唯物主义哲学是一切社会科学和自然科学的理论基础。马克思主义的认识论和方法论渗透于所有社会科学和自然科学之中，所以也同样渗透于高职学生管理科学之中，要运用对立统一观点，坚持管理的整体观。在纵向上，坚持整体观就是局部与整体的统一，从学生管理工作的整体系统看，组成这个有机整体的各部分又都是一个支系统，是局部。学生管理系统的整体功能是由各部分的组合形式决定的，虽然各支系统都具有特定的功能，但它们都应服务于学生管理系统整体的目的和功能，各个支系统都是为了整体目的而建立的。在横向上，坚持整体观就是处理好各支系统之间的分工与合作关系，把各部门都协调到为培养全面发展的人才这一共同的管理目标上来。

（三）运用高职教育和现代管理科学理论

运用高职教育和现代管理科学理论指导高校学生管理，使大学生管理科学化。现代治校观念要求管理者依靠现代科学来管理学校、管理学生，具体来讲有以下两个方面。

①要靠教育科学，要遵循教育的外部规律与内部规律办事。例如，高职教育的规模由一定的经济基础所决定，反过来又作用于一定的经济基础。高职院校作为高职教育的主要载体和平台，人才、资源、市场面临着越来越激烈的竞争，理念、体制、结构也面临新的变革和调整。高职院校要准确把握社会脉搏，直接面对市场办学。大学生管理也要研究新情况、解决新问题，面向21世纪培养高素质的复合型人才。

②要运用现代管理科学的理论与方法进行管理，使学生管理队伍的组织机构严密，管理制度科学，人员分工合理，职责范围明确，奖惩分明，动作协调，工作高效等。运用现代管理科学指导学生管理主要是运用它的基本原理：系统整体性原理、要素有用性原理、动态相关性原理、人的能动性原理、规律效应性原理、时空变化性原理、信息传递性原理、控制反馈性原理等。应在管理实践中力争使管理组织系统化、管理决策科学化、管理方法规范化和管理手段现代化。

（四）继承和发扬我国高职学生管理的成功经验

自中华人民共和国成立后，多年来高职学生管理工作的成功经验是当今学生管理工作的宝贵财富。

①高职院校必须坚持中国共产党的领导，坚持社会主义方向，这是我国多年来办大学的一条基本经验。坚持党的领导就是将党的路线、方针、政策作为大学管理的基本指导思想，就是要确保大学的社会主义方向，调动全校师生、员工的积极性，为培养德、智、体、美、劳全面发展的高级专门人才努力奋斗。

②管理工作规范化、制度化，即把符合社会主义方向的，又经过实践检验比较成熟的民主管理和科学管理体制、程序、办法以制度形式固定下来，使工作形成规范。其中心点是责、权、利相结合，使制度的思想性和科学性统一。

③坚持理论联系实际的原则，面向社会实践，实现教育与生产劳动相结合。高职院校培养的人才必须适应社会主义市场经济的需要，在思想上有高度的社会

主义觉悟和共产主义献身精神，在业务上不仅要有理论知识，而且要有较强的分析问题和解决问题的能力，要有实干精神和较强的独立工作能力。

第三节　高职学生管理工作的内容

高职学生管理是高职院校对学生从入学到毕业这一在校阶段的管理，涉及的内容很多，其中较为主要的有以下几个方面。

一、德育管理

高职院校在开展学生管理工作时，德育管理是一项十分重要的内容。所谓高职学生的德育管理，就是高职院校根据学生的身心发展特点和品德形成规律，有目的、有计划、有组织地对高职学生的心理施加系统性的影响，把一定的思想和道理转化为高职学生个体的思想品德的过程。也就是说，高职院校在开展学生管理工作时要注意与德育相结合。

二、学习管理

高职学生的学习管理，就是高职院校按照一定的专业教育标准，有目的、有计划地对高职学生进行专业教育，使其最终成长为具有丰富、系统的专业知识与技能的合格人才。具体来说，以下三方面的学生管理工作是高职院校必须实施的。

其一，对学生的学习能力和知识掌握的管理。

其二，对学生的其他能力和技能掌握的管理。

其三，对学生的智力发展和生活自主的管理。

三、学籍管理

高职学生的学籍管理，指的是对高职学生（通过合法渠道获得该学校入学与学习资格的学生）在校园内的一系列会对学业、毕业情况造成影响的行为与事件的管理，其中包括对学生在考试中取得的成绩的记录，学生在经历一个学期的学习后的升级、留级或降级情况的了解和记录，学生由于在校内或者校外的行为而受到的奖励与处分等，包括学生由于特殊原因而导致的退学、复学以及转学等行为。通过学业资格检测和认证的学生就可以毕业并得到相关证明，反之则需要重修或者成为肆业生。学校在对学生的学籍进行管理的时候不但要遵循国家制定的法律法规，而且要遵循科学性原则、符合教育理念，根据学校一贯的教育方针和教育界最新的教育成果以及不同学生的特点，以做到在管理方面符合每个学生的身心发展规律。只有在合适的管理规范与制度下，管理工作才能良好展开。具体来说，高职学生的学籍管理要做好以下几个方面的工作。

其一，做好大学新生的入学审查工作。

其二，做好高职学生在学习过程中的成绩管理工作。这对于了解和掌握教师的教学质量和学生学习情况有很大帮助。如果能够在教学过程中找到原有方法的不足之处并且加以改进，那么对学生的主动学习能力的提升是有很大好处的。

其三，学生在高职院校学习的目的是丰富自身的知识储备并提升自身的学习技能与其他能力，还有就是获得毕业证明作为日后工作的敲门砖。虽然高职院校应尽量保证每个学生都能在经历学习后得到满意的结果，但对于未曾认真学习的学生也不能随意发放毕业证书，否则是对其他学生的不公平，学校在关于学生是否有资格获得毕业证书的审查中应保证严格而不苛刻。

四、生活管理

在高职学生管理工作中，对高职学生生活方面的管理是一项十分重要的工作。其不仅决定着高职学生的身心能否得到健康发展，而且决定着高职学生能否建立正常的学习、生活和工作秩序，还决定着高职院校的人才培养目标能否得到有效实现。因此，高职院校必须要对学生的生活管理予以足够的重视。

高职学生的生活管理，从内容方面来说应包括对高职学生在校期间的一切生活活动的管理，如饮食管理、起居管理、着装管理、健康管理等。

五、行为管理

高职学生的行为管理也是高职学生管理的一项重要工作。所谓高职学生的行为管理，就是高职院校要对大学生的日常行为进行指导、监督、检查及纠正，以引导大学生切实形成良好的行为习惯。这里需要特别指出的一点是，在对高职学生的行为进行管理时，要特别注重引导大学生形成健康的道德行为，这对于保证其身心的健康发展具有重要的作用。

六、体育管理

高职学生要想成才，为社会主义现代化建设做出贡献，首先要有健康的身体。因此，在高职学生管理工作中，高职学生的体育管理也是一项不可忽视的工作。

所谓高职学生的体育管理，就是高职院校组织、指导高职学生按照一定的体育锻炼标准，在锻炼学生的过程中必须做到计划性和组织性，任何锻炼行为都要有其目的。只有这样的锻炼才是有效果的，才能做到既不影响学生的其他文化课学习与身体健康，又能逐步加强学生的身体素质，以应对在校的紧张学习和满足日后工作需要。此外，高职学生的体育管理要想取得良好的成效，应特别注意以下几个方面。

第一，高职学生的体育管理必须与高校学生的身心特点相符合。

第二，高职学生的体育管理必须与教育规律相符合。

第三，高职学生的体育管理必须与体育管理原则相符合。

第四，高职学生的体育管理要尽可能以最少的投入来获得最大的体育锻炼效益。

第四节　高职学生工作者的角色与素质定位

一、高职学生工作者的角色定位

学生工作者是教师还是党政管理干部？还是并列的两种身份？在实践中，角色定位并不清晰，甚至会错位，这既是人们认识上的偏差，也是学校内外部诸多客观因素所致。有人认为，学生工作者负有重要的管理职责，但不是一般的行政管理干部。学生工作者规范学生行为，对学生党团、干部、组织及社团都负有管理职责。然而，由于高职院校内部管理制度不健全、管理不规范的现象仍旧存在，使得学生工作者不同程度地存在虚位现象。一些对学生学习、生活、活动场所负有管理职责的部门不能充分履行其管理学生事务的职责，学生工作者往往成了"代职"者。

学生社区的日常卫生、管理秩序、食堂用餐秩序、缴费、医疗甚至是课堂、阅览室、电脑室、安全保卫管理等，都需要学生工作者的组织和参与。这使学生工作者的日常管理事务过多、过杂，超出其职责范围，客观上造成了辅导员就是一般行政管理人员的认识偏差。

学生工作者承担重要的服务性工作，但不是学生各方面服务工作的协调员。学生工作者必须关心学生的学习、生活和工作，并为改善学生的学习、生活和教育条件向学校提出积极的意见和建议，同时做好落实国家资助贫困生的各项政策、学生成长成才指导、就业指导与服务等工作。但由于高职院校后勤改革还不够深入，生活适应能力较弱的独生子女已成为大学生的主体，贫困生的问题日益突出，大学生的物质和文化需求不断丰富和增多，高职院校迅速扩大招生规模，受与此相适应的学生学习、生活、课外活动场所以及设施建设相对滞后等因素影响，学生在学习、生活、工作等方面的服务需求得不到较好地满足，增加了学生工作者教育管理工作的难度，也影响了学生工作者工作的主要方向和工作效果。

学生工作者是以思想政治教育为中心工作的教师，但其职责有别于任课老师。就传统的教师职责即"传道、授业、解惑"而言，辅导员是教师；按照国家有关文件规定，学生工作者"是高等学校教师和管理队伍的重要组成部分"，学生工作者首先是教师。但是，学生工作者有别于任课教师，其工作内容和方式方法明显不同于任课老师。高职学生工作者的工作以思想政治教育为主线，寓教育于学生党建和团建、日常教育管理与服务以及课外活动指导中。他们的基本职责包括学生的思想政治教育、品德教育、学生党建和团建、评奖评优、违纪处理、学生集体和组织管理、心理健康咨询与辅导等。这些职责主要体现了思想政治教育工作的性质，是学校教育活动的重要组成部分。

学生工作者的角色到底是什么？在现实生活中，学生工作者通常都不只扮演一种角色，而是要同时扮演好几种角色，这是由其工作性质、任务等所决定的。学生工作者的角色类型主要有四种。

（一）专家型

专家是指对某一门学问有专门研究的人或擅长某项技术的人。其职责是在某一个特定领域内对各种问题有清楚的了解，并有相应的解决办法；具有全面的知识，并在某一方面有自己独到的见解。学生工作专家是指在学生工作领域内，对学生工作的特点、任务、方法和专业知识有深入研究，并能有效地指导学生工作，科学地探索学生工作新思路、新方法的人。

第一，学生工作者要解决学生工作中更深层次的问题。学生是一个个性多样、情况复杂的群体，这个群体中有着方方面面的问题，比如心理健康问题、职业教育问题、恋爱观的问题、贫困问题、价值取向问题、学习指导问题、法治教育问题、党团建设问题等。这些现实的问题要求学生工作者具有能力的全面性和知识的多样性，而这种要求也就决定了学生工作者必须大量地涉猎多方面的知识，深入地思考各式各样的问题，不断地探索和实践科学的工作方法和思路，努力成为学生事务方面的专家。

第二，学生工作者要对学生工作开展科学研究。近年来，随着我国高等教育体制改革的全面推进和高等教育事业的快速发展，高职学生工作也进入了一个新的发展阶段。知识经济的冲击、素质教育的开展、高职院校扩招的影响以及高校本身的改革，都对学生工作提出了新的要求和严峻的挑战，这些必然要求学生工作者的理论水平、知识结构、管理能力以及思想观念跟上新形势，适应新要求，能够在工作中及时地解决新问题，取得新成效。因此，加强对学生工作的科学性研究，已经成为高职院校教育管理工作的一个重要方面。

第三，学生工作者要对学生工作进行创新和实践。制度在创新，管理在创新，技术在创新，教育也在创新。当前高等教育面向未来、面向知识经济，全面推行了以培养创新意识和创新能力为核心、以素质教育为主要内容的教学改革，改进教学方法，优化教学方案，调整教学目标，锻炼和培养学生的创新能力，相关的理论研究及方法探讨已有不少见诸报刊，然而对于学生工作本身进行创新的理论探讨却不多见。就高校学生工作而言，如何引入新思维、采用新方法、适应新形势，帮助大学生提高思想道德品质，如何为学生成才创造条件、提供服务，其实大有文章可做。

要成为学生工作的专家，就要求学生工作者在传统工作的基础上积累工作经验，还要根据时代的发展有所创新，在日常生活中注意学习和总结。

不少国家的高职院校对学生工作者的素质提出了很高的要求，从事学生工作的人员大都经过专业培训并取得学士、硕士以及博士学位。如美国各州都有一所大学设有高等教育学生行政专业，开设有青年期心理、集体发展、咨询工作中的测试使用、大学生咨询工作实习、家庭关系心理学、精神卫生、学生人事管理教程、大学集体活动、学生宿舍大厅管理、大学组织及行政、大学财务行政等一系列融理论性、应用操作性于一体的课程。

（二）教师型

教师是指进行教学的工作人员。传统意义上的教师的职责是"传道、授业、解惑"，在现代化的教育体制下，教师的一部分工作是由学生工作者来完成的。

1. 学生工作者要从思想上对学生进行指导

学生工作者肩负着思想政治教育的重要使命。思想教育对于当代大学生来说尤其重要，它可以帮助大学生树立正确的人生观和价值观。在大学里，学生工作者以党员为核心，以党支部为阵地，通过开展政治形势教育和党团建设，采用党课、团课、知识竞赛等多种形式使大学生了解党和国家的路线、方针和政策，使其树立共产主义的理想，更加清楚地认识到自身所肩负的历史重任。

2. 学生工作者要从学习方法、态度上对学生进行帮助

学生以学为主，大学生的专业知识学习也很重要。学生工作者通过讲座、座

谈等形式使大学生确立专业理想，树立为国家、为人民努力奋斗的宏伟目标，做到干一行、爱一行、专一行。

3. 学生工作者要善于发掘学生的潜力

在学生学好专业知识的同时，学生工作者还必须通过第二课堂，即一些课外活动发现、发掘人才，使学生接受全面的锻炼。例如，通过举办文艺晚会、运动会、科技竞赛、兴趣小组等，可以从中发现并引导学生的兴趣爱好，为学生提供一个展现自我、展现才华的舞台，丰富学生的课余生活。

4. 学生工作者要行为人师

所谓"师者，人之模范"。对学生而言，教师的一举一动、一言一行都有直接的示范作用。教师个人的政治品格、知识才能、道德情感、意志作风等，通过他们的言传身教对学生产生一定的影响。真理的力量是巨大的，然而真理的力量只有通过教师的人格示范才能得到充分发挥。因此，学生工作者的人品及行为示范就显得十分重要。

（三）管理者型

管理是同别人一道或通过别人使活动完成得更有效的过程。这一过程体现在计划、组织、领导和控制的职能和基本活动中，而管理者则是指挥别人的人。作为学生工作者，我们同样扮演着管理者的角色。在这里，我们管理的对象是学生，管理的目标是维持学校的正常秩序并促进学生的全面发展。作为从事学生工作的管理者，首先应制订计划。学生工作者在各个阶段都要根据学生工作的现状、资源以及外部环境制订本阶段学生工作计划，包括党团发展计划、学风建设计划等。在制订计划的过程中，学生工作者可以全面地分析学生所处的状态（包括思想状态、心理状态、生活状态等）、社会环境对学生的影响和对人才培养的要求等各方面因素，以此来确定本阶段的工作目标和具体措施，从而提高学生工作的效率。其次是组织协调。由于学生工作者面对的是成百上千的学生，凭借一两个人的力量是无法达到学生工作目标的，所以学生工作者必须建立学生参与并作为主力的学生工作队伍。

（四）学长型

教师是先于学生"闻道"的人，是先学者，即"学长"。确切地说，学生工作者与学生的差别就是：学生工作者先行于他们将要走的路，有着更丰富的阅历和成熟的思想，他们的重要任务就是对学生的全面发展起到引导作用。

学生工作者自身的学习经历正是其开展学生工作的基础和资本。作为过来人，学生工作者以及学生工作者同龄人的经验和教训都是其开展学生工作的"教材"，从中学生工作者知道如何引导学生创造性地学习和思考，多渠道激发学生独立学习的潜在能力和勇于进取的创新精神。教师要"教会学生学"，要"教人会做"，也要"教会做人"，而且"教会做人"是尤其重要的内容。大学生虽然已经有了初步的思想，但还不够健全，对社会的认识还很肤浅，总的来说还比较单纯。在大学四年中，他们必将走过一个从幼稚到成熟的过程。在这个过程中，学生工作者的作用至关重要，其对学生个性的发展产生广泛的影响。可以说，每一届学生的身上都可以看到辅导员的影子，学生工作者的一言一行都对学生产生着潜移默化的影响，具有重要的引导作用。

要想有效地引导学生，就必须对学生的思想、生活各个方面有深入的了解，这就需要学生工作者最大限度上成为学生的朋友。实践告诉我们，学生更喜欢与老师形成一种平等、民主的朋友关系。做学生工作，很重要的内容是做学生的心理工作。一个人要想了解他人的心理，除了要有较高的情商和敏锐的观察力外，更重要的是要能够像朋友一样去关心他人的所思所想、喜怒哀乐。这就要求学生工作者能够设身处地地为学生着想，想学生之所想，急学生之所急。学生工作的对象是一些已经初步具有完整人格和思想的青年人，他们有自己的想法，有自己的主张，需要尊重和理解，而不是家长式的教训。所以，从某种意义上讲，学生工作者只有把学生当作朋友，才能与学生进行有效的沟通；只有体贴学生，才能走进学生的心灵，做学生的知心朋友；只有深入学生中去，才能了解学生的特点和现状，了解学生在想什么、干什么，才能做学生真正的朋友。

二、高职学生工作者的素质定位

为有效地履行学生工作者的职责、应对新时期学生工作的严峻挑战，高职院校必须致力于学生工作者的专业化建设，切实提高他们的综合素质。当代学生工作者应具备的素质有如下几方面。

（一）政治思想品德素质

高职学生工作者只有具备了优良的政治思想品德素质，才能在实际的工作中始终坚持对大学生进行正确的政治方向、坚定建设中国特色社会主义的信念和信心教育。高职学生工作者只有具备了优良的政治思想品德素质，才能在教育、管理与服务中始终对大学生进行用辩证唯物主义和历史唯物主义的立场、观点和方法看待人生的教育；进行把无产阶级和广大人民群众的根本利益视为最高利益的教育；进行把为实现共产主义的伟大理想而奋斗作为人生最高目标的教育；进行共产主义道德标准教育，自觉地把提高大学生素质和培养高素质的人才视为时代赋予自己的神圣职责，才能站在时代的高度深刻认识高职学生工作者的人生价值，树立强烈的社会责任感和为人师表的敬业、爱业精神。高职学生工作者只有具备了优良的政治思想品德素质，才能在实践中对大学生进行把集体利益看得高于一切的教育；才能把全心全意为人民服务视为人生的最大价值，处处为集体着想，不计较个人得失，努力工作。

（二）科学文化素质

学生工作者要做好学生党建、日常教育以及心理问题的一般咨询与辅导工作，必须具有良好的哲学基础、一定的马克思主义理论水平，具有较扎实的教育学、管理学、社会学、行为科学、心理学等知识。随着信息社会科学技术的迅猛发展以及各种文化的交流、激荡和相互渗透，学生工作者要从理论与实践的结合上有说服力地解答当代大学生在思想政治方面的各种困惑，而且要始终坚定而有效地引导学生的政治思想融入社会主义市场的主流意识形态，从而推进以提高学生思想政治素质为核心的素质教育。

根据这一客观要求，高职学生工作者一般应该选自马克思主义与思想政治教育或相关专业，或是经过必要培训且具有相当专业知识水平的优秀毕业生，或为在职的优秀教师、管理干部，学历要求应与普通专业教师相当，而且应掌握相邻学科以及必要的横向学科知识，具有较宽的知识面。

（三）能力素质

就当前的形势与学生工作的任务而言，学生工作者至少应具备如下多方面的能力。

1. 理论教育能力

从学生工作者的设立初衷及其与一般管理人员的区别来看，重要的一点就在于前者应发挥理论教育功能。为实现学生工作者的这一功能，他们必须具有扎实的马克思主义理论功底和马克思主义理论教育能力。

2. 学生工作能力

面对与自己所学专业不同的学生，学生工作者虽然不可能更多地掌握学生所学的专业知识，却应具有引导学生学习和培养学生创新思维的能力。

3. 组织能力

随着精英教育向大众教育的转化、大学招生规模的不断扩大，学生教育与管理的难度也逐渐提高了。面对多校区办学、学生成分的日益复杂以及社会对人才要求的提升，学生工作者迫切需要具备较强的组织与管理能力以应对学生工作的新要求以及新任务。

4. 表达能力

在实际工作中，学生工作者经常要撰写各种报告，在学生中讲演，召开各类型的学生会议，与学生交流与谈心等。这一切都离不开较强的口头及书面表达能力。

5. 沟通能力

学生工作者是面向学生、面向生活、面向问题的，因为解决学生的思想困惑，提高学生的思想觉悟，离不开"春风化雨，润物无声"的情感与思想交流，更离不开强有力的沟通与融合。这一切有赖于学生工作者具备较强的沟通能力。

6. 研究能力

当代科技迅猛发展，知识量剧增，知识更新速度快，而作为教师身份出现在学生面前的学生工作者必须用知识的力量去感召学生，潜移默化地培养学生学习的意愿和能力。同时，学生工作经常出现新问题、新动态，学生工作者要认真做深入的调查研究才能把工作做好，使经验上升到理论层面，用理论指导实践。这就要求他们必须具备一定的研究能力。

7. 咨询能力

就目前大学生的心理现状以及他们在生活中遇到的诸多问题而言，提高学生工作者的咨询能力已是新形势下做好学生工作的必然要求。

8. 操作能力

学生工作作为一种应用性很强的工作，要面对很多实际问题，如公文写作、计算机操作、计划制订等，因此学生工作者必须具备较强的实际操作能力。

（四）心理素质

心理素质原指良好的个性特征。学生工作是一个双向互动的过程，学生工作者与学生之间存在着两条信息交流回路：一条是信息系统回路；另一条是情感与心理信息回路。这两条信息回路是彼此依存、相互影响的统一体，它们从不同方面对整个学生工作过程施加重大影响。学生工作者具有良好的个性与心理特征，是顺利完成学生工作任务、达到育人目标的重要保证。一个合格的学生工作者应具备高度的责任感和事业心、坚强的意志和良好的情绪特征、开朗的性格和乐观的精神、豁达的胸怀和真诚的态度，并且能够运用教育学、心理学、管理学等知识，按照学生工作的规律和学生的身心特点、成长规律组织学生活动、开展学生工作。

（五）身体素质

学生工作者承担着繁重的学生教育、管理与服务工作，他们的工作兼有脑力劳动与体力劳动相结合的特点，具有并发性、高强度、连续作战及没有 8 小时工作界限、昼夜界限甚至节假日界限的特点。要做好如此繁重的工作，就必须具有健壮的体魄、健康的大脑、旺盛的精力，掌握体育基本理论知识和生理卫生知识，养成锻炼身体的良好习惯，并能组织开展体育锻炼，对自然环境有较强的适应能力。

第五节　高职学生管理工作的重要地位

一、高职学生管理工作是建设和谐校园的必然要求

和谐校园建设既是对党中央构建和谐社会战略部署的响应，同时也是学校自身发展的要求。在高等教育从精英化向大众化转变的进程中，高校招生人数骤增，学校办学规模日益扩大，办学方式日渐灵活，但是相应的教学硬件设施、师资条件等没能及时跟上，造成了当前普遍存在的师资紧张、人均占有资源量不足等困境。高职教育教学的质与量成为难以平衡的矛盾两极，这显然与建设和谐校园的要求背道而驰。要解决这一问题，只能靠持之以恒地推行高校教育改革。在改革进程中，大学生无疑是其中最活跃的因素，没有大学生的积极参与，建设和谐校园就是空中楼阁。高职学生管理者能否激发大学生的内在动力、提升个体的主体意识，是建设和谐校园的关键所在。学生管理工作是和谐校园建设中的关键环节，只有不断加强高职学生管理工作，推进学生管理制度的科学化、伦理化，体现公平与公正，学校各项工作才能够稳定有序进行，和谐校园建设才能够不断深入推进。

二、高职学生管理工作是高校全面落实科学发展观的重要保证

科学发展观的第一要义是发展，核心是以人为本，基本要求是全面协调可持

续，根本方法是统筹兼顾。当前学生的思想和行为呈现出多元化发展趋势，学生个性差异变大，原有的高职学生管理单一模式已无法达到预期的效果。因此，要增强学生管理工作的针对性和实效性、适应形势发展的需要，就应当进一步加强高职学生管理工作，建立起"以人为本"的学生管理新体制，将"以人为本"的思想落实、渗透到学生管理工作中，全面贯彻落实科学发展观。

三、高职学生管理工作是完成高校中心工作任务的根本要求

教育是发展科学技术和培养人才的基础，在现代化建设中具有先导性、全局性作用，必须摆在优先发展的战略地位。我国高等院校的根本任务是为社会主义现代化建设培养高素质的人才。我国高等学校担负着培养具有创新精神和实践能力的高级专门人才、发展科技文化、促进社会主义现代化建设的重要任务，是科教兴国的强大主力军。高职学生管理工作是高校教育教学工作的重要组成部分，它对于全面贯彻落实党的教育方针、维护高职院校及社会的稳定、培养社会主义事业合格建设者和可靠接班人都具有十分重要的意义。

四、高职学生管理工作是大学生健康成长成才的内在需要

教育是培养人的活动，教育的本质属性更主要应当表现为：它要使受教育者能够在已有的各种现实规定性中奋起，去追求新的自我、新的世界；使得一切文化、知识、道德规范等的接纳，在他们身上产生作用，转化为创造的潜力；使得受教育者能以一种批判的态度去面对、掌握、审视现实世界。教育并不仅仅是教给学生科学知识，更重要的是培养学生健全的人格品质。高等学校的人才培养目标和道德使命应着力于完整的人的塑造。

在社会剧烈变革的背景下，当代大学生必然与社会有着更密切的接触，整体表现出积极、健康、向上的态势。同时大学生的独立性、选择性、多样性和差异性日益增强，绝大多数学生渴望提高自身综合素质，渴望发展自己的个性、特长，渴望今后能成就一番事业，渴望过上幸福生活。但不可否认，有一些大学生不同程度地存在着理想信念模糊、诚信意识淡薄、社会责任感不强、缺乏艰苦奋斗精神、团结协作观念不足等问题。通过教育管理服务工作启发学生、激励学生、引导学生、帮助学生逐步实现这些愿望，是高职学生教育管理服务工作的出发点和归宿。只有不断加强学生管理工作，才能把党和国家的外在要求和受教育者的内在需求联系起来，把外在要求内化为学生的需要，把外在压力转化为内在动力，从而促进大学生健康成长成才。

五、高职学生管理工作是确保校园安全和稳定的迫切需要

育人是高等学校的中心工作，确保校园安全和稳定是育人工作的基本前提。稳定是改革和发展的基础。高等教育改革和发展的历程充分证明：只有切实维护高校稳定，才能顺利推进高职院校的改革和发展。同时，高职院校与社会有着特殊的密切联系，高职大学生的稳定工作事关社会稳定的全局。要保持校园的"久安"，就必须在"长治"上着力。"长治"的重要基础和根本途径就是不断加强和改进高职学生教育管理服务工作。

六、高职学生管理工作是适应社会法治化进程的需要

随着社会变革的不断深入，社会民主、法治进程不断加快，学生的法治意识、维权意识不断增强，传统的高职管理思想和管理体制落后，使得高职学生管理工作在实践中不可避免地出现新旧观念的碰撞、价值矛盾和权利冲突等。传统的高职学生管理工作正经历着一场适应整个国家民主、法治发展进程的深刻变革。近年来，学生起诉学校的案件时有发生，使传统的高职学生管理工作面临着严峻的挑战和考验。高职学生管理者必须采取有效措施，用法治的理念和精神来解决实践中出现的各种问题，建立并不断完善高职管理体制，规范高职管理秩序，尊重和保护大学生的权利。因此，加快学生管理制度改革，根据《普通高等学校学生管理规定》，依法修改、完善各高职院校的学生管理规章制度势在必行。

只有不断加强和改进高职学生管理工作，才能树立符合时代发展和学生特点的新的管理理念，不断扩充和变革管理内容，改进管理方法；只有牢固树立起以人为本的学生管理理念，才能不断进行管理理念、管理体制和管理手段的改革与创新，才能更好地实现高职人才培养目标和维护高校的稳定，才能不断开创高职学生管理工作的新局面。

第二章 高职学生管理工作的现状

新时期高职学生管理工作面临新的问题，需要学生管理工作者根据实际情况制定合适的管理方案，结合学生实际情况调整管理方案，大幅度增强学生管理工作的有效性。本章分为高职学生管理工作取得的成绩和高职学生管理工作存在的问题两部分，主要包括高职学生管理有了相对独立、较为系统的内容体系，高职辅导员队伍建设取得了一定成效、高职学生管理工作存在的基本问题、高职学生管理工作存在的法律问题等内容。

第一节 高职学生管理工作取得的成绩

一、高职学生管理有了相对独立、较为系统的内容体系

随着社会的发展、高职院校内部管理体制和教学改革的不断深入以及学生个性特征的变化，高职学生管理工作出现了大量新的具体事务。如贫困生的出现带来了学生生活保障问题，并由此产生了学生困难补助、助学贷款、勤工助学等事务；弹性学分制的推行导致了学生班级结构被打散，宿舍、社团等作为新的"育人阵地"开始备受关注；大学生自主择业的实施，使就业指导、职业规划指导、就业信息收集与发布等服务项目应运而生；来自就业的压力使学生对于丰富社会实践经验、提高实践能力的要求增加，从而使大学生社会实践活动备受青睐；由经济压力、学习压力、就业压力、人际交往压力等导致的学生心理问题突显，使学生管理工作中不得不加大对学生的心理辅导和咨询力度；学生缴费入学导致学生作为"消费者"的主体意识不断增强，对学校的育人环境、学习和生活条件以及学校管理的参与权等有了新的更高要求，如何增强学校管理的民主性、提高学生参与度成为学生管理工作的新问题。由此，学生管理工作初步形成了既有规范、又有指导，也有服务的较为系统的内容体系。

二、高职辅导员队伍建设取得了一定成效

（一）学生管理队伍的地位日益提高

20 世纪 90 年代，我们党培养社会主义建设的合格建设者和可靠接班人确定为我国高校辅导员的主要职责。21 世纪的辅导员担负培养、教育高校人才的使命，是大学生思想政治教育的直接参与者。因此，辅导员是大学生思想政治教育的最基层实施者，是参与教育的骨干，他们组织和管理大学生的日常思想政治教育工作。他们有多重角色，既是大学生的知心朋友，又是他们人生中的导师。

在当前的社会和经济建设中，辅导员队伍发挥着重要的作用，他们为我国社会主义发展和经济建设培养了优秀的人才。这些人才走向社会后，是推动社会变革和进步的中坚力量。辅导员队伍建设对维护我国的社会稳定、维护国家的安全，以及构建和谐的社会都有着十分重要的意义，对促进大学生的全面发展和健康成长成才有着十分重要的意义。实践证明，制度的完善需要在实践中实现，且是一个不断深化的过程。相信在当前党和国家领导人的高度重视下，辅导员制度会得到进一步的完善和发展。

（二）学生管理工作体制机制逐步完善

从我国高职院校辅导员制度建立以来，一代又一代的学生管理工作者在自己的工作岗位上无私地奉献出了最美好的年华。他们工作尽职尽责，为社会培养和输送了一批又一批的毕业生。这些毕业生走向社会后，将才华奉献给人类，使所学知识服务于社会发展。作为辅导员，他们自己又何尝不是在辅导员队伍这座熔炉里百炼成钢？他们在这个工作岗位上提高了管理能力，增长了知识和才华。

同时，作为高职院校的一种组织制度，学生管理辅导员制度在不同历史时期都有较为稳定的工作队伍。目前学生管理的工作机制比较健全，学生的管理制度比较完善。尤其是在 21 世纪，由于党和国家领导人的重视，加之高职院校的扩招政策，使很多高职院校采取了强有力的措施来加强管理队伍的建设。一整套完善的保障机制得以建立，包括如何选拔管理人员、选拔参考的条例、如何对辅导员进行培养和管理，甚至对他们工作的考核和激励都有保障机制等。这样一来，高职院校管理队伍的素质得以提高，人员得以充实，为顺利开展学生工作奠定了坚实的基础，也为高职院校培养人才提供了有力的支撑。

（三）管理队伍建设目标更加明确

我国高等教育为社会主义建设培养优秀的人才，教育和政治的关系密不可分。习近平在全国高校思想政治工作会议上强调："我国高等教育发展方向要同我国发展的现实目标和未来方向紧密联系在一起，为人民服务，为中国共产党治国理政服务，为巩固和发展中国特色社会主义制度服务，为改革开放和社会主义现代化建设服务。"我国的高等教育经历了长久的洗礼，面对改革开放带来的经济大潮，高职院校的辅导员要适应经济建设和改革开放发展需要，不能再像过去一样停留在单一的为政治服务的层面上，而是要逐渐向思想政治领域延伸，并且把思想政治教育当作辅导员的主要职能。

20世纪90年代，党中央总结了过去的教训，重视大学生的思想政治教育，并进一步强调了辅导员的职能，加强了辅导员队伍建设，把其职能定位为社会主义事业培养合格的建设者和接班人。进入21世纪后，随着高职院校扩招政策的实施，我国高职院校纷纷摩拳擦掌，重组和扩大，大众化教育时代来临。面对新的机遇和挑战，辅导员的职能再一次由单一的思想政治教育扩展丰富为多种工作职能。除了思想政治教育，还要把对学生的日常管理、心理健康方面的教育、学风建设、就业指导、学生的道德培养等纳入辅导员工作职能的范畴。这种划分更加科学化、多元化、合理化。

（四）管理队伍自身发展不断加强

无论处于哪个历史时期，也不管学生管理队伍担任什么样的角色，在服务和管理学生的过程中，他们自身的素质得以提高，能力得以加强，学识也得以丰富。例如，20世纪五六十年代的"双肩挑"政策就培养了很多治党和治国的精英。20世纪80年代的规划培养也使管理人员得到锻炼，他们或发展为高职院校的核心管理人员，或成为学术方面的专家，还有一些成为政府部门的管理精英。

到了新时期，随着学生管理队伍专业化进程的不断推进，他们的整体能力和综合素质较之以往显著提高。为了更好地发挥作用、履行他们的管理职能，辅导员的任职要求从专科到本科到硕士再到博士，使这支队伍的专业建设不断加强。特别是为了落实教育部"16号文件"精神，贯彻和落实国家对辅导员队伍提出的"要采取有力措施，按照政治强、业务精、纪律严、作风正的要求，着力建设一支高水平的辅导员和班主任队伍，使他们在学生思想政治教育中发挥更大作用"的明确要求，各省教育主管部门都非常重视，各高职院校也纷纷采取切实可行的措施，加大力度，加快步伐，促使辅导员队伍走向职业化、专业化，同时也加强了对辅导员的培训和管理，使他们的素质得到进一步提高。

第二节　高职学生管理工作存在的问题

一、高职学生管理工作存在的基本问题

（一）高职学生管理平台方面的问题

目前，几乎所有高职院校都接入了互联网，有了自己的校园网，不少高职院校更是花费巨资对现有的校园网进行升级和改造。现代信息技术发展日新月异，致使设施设备的更新周期越来越短，加上一些高职院校在信息化建设上不是从实际出发，而是盲目投资，急于建成完备的校园网，因而在高职院校信息化建设中造成了很大的浪费。

1. 缺乏统一指导和总体规划

由于学校未能整体把握信息化建设的总规划，校园网络信息化建设仍旧停留在重硬件设施轻资源建设、重建设轻应用的工作层面。有的系统开发初期没有考虑到信息技术发展的速度和周期，导致后期系统不兼容，有的部门就重新购置，大大造成资源的浪费。虽然多数高职院校成立了网络中心，但其作为信息化职能部门，只能从专业角度负责校园网络基础层和网络基本服务层的规划和建设。网络应用服务层涉及不同部门、不同领域，需要统一的组织协调及不同部门的协作建设，才能搭建出合理使用的整体性网络管理平台。目前，学校很多部门只基于本部门工作需求开发平台，缺少对兄弟部门的兼顾，各部门信息化建设各自为政，信息资源低水平重复建设的现象比较严重。由于存在不同的应用平台，师生陷入用户名和密码堆中，对系统的管理和维护也平添许多麻烦。

2. 资源建设缺乏统一标准

校内各部门的管理信息和数据资源类型各异、来源不一，导致太多本可以共享的数据无法在各部门间流通。系统不兼容，学生基本信息数据不能通用，对于学生管理者而言，只得在不同的管理平台上重复录入数据，难以统一使用。从目前各高职院校的实际情况来看，普遍缺乏网络资源，广大师生仅限于一般的信息浏览。网络课程和教育信息资源建设比较疲软，缺乏动态的管理，部分资源内容

陈旧，不能反映社会的最新动态、学科的最新发展状况，网络平台实际上发挥不了拓宽知识面、强化管理效果的作用。有的组织部门随潮流搭建网络管理平台，对系统的技术架构和技术实现方案也不够了解，工作中未能听取下层管理者的建议，很大程度上影响了信息资源的有效利用。

（二）高职学生管理工作制度方面的问题

1. 以管理为中心，学生管理人员考核制度不完善

在考核方面，对所有教职工从德、能、勤、技四个方面来进行考核，即考核政治立场、思想品质、工作作风、职业道德等情况；考核理解和运用政策的水平，管理和服务、开拓与创新的能力等情况；考核工作态度和敬业精神，遵守学校工作纪律和各项规章制度等情况；考核履行岗位职责、完成工作任务的质量与效果，取得的成绩和做出的贡献等情况。而对于学生管理人员的考核则更加细化，却未形成一个系统完整的考核量化标准，且都以扣考核分为前提，没有奖励机制，致使学生管理人员考核流于形式、敷衍了事，降低了学生管理人员的工作效率并削弱了其工作积极性。

2. 以教师为中心，学生管理考核制度不完善

一方面，常规的学生管理多为服从式管理，采取安排后直接向学生下达命令的方式，师生双方处于"管"与"被管"的矛盾统一体中，学生的主观能动性得不到发挥，更不用说培养创新能力。有时这种管与被管的关系还会使学生的自尊心受到伤害，使管理很难达到预期的目标。

另一方面，学生管理考核制度在学生教育和管理的过程中仍有许多空白点，以至于无章可循，给学生管理工作带来了很多困难；同时一些临时性、应急性的规定也缺乏应有的权威性。

3. 以考试成绩为重点，学生综合素质考核欠缺

目前，大部分高职院校在评价学生时往往以学生每学期的期末考试为重点，将出勤情况和考试成绩作为判断学生学习态度和学习能力的重要指标。评价观念落后，传统的评价体系严重脱离了教育的宗旨；评价主体单一，考核的内容、标准及结果都由任课老师单方面完成，没有其他组织和成员参与进来。这样的结果不够全面、公平和客观，无法让学生客观地认识自己，也不能为学生的全面发展指明方向，更无法激发学生的潜力。

（三）高职学生管理工作队伍方面的问题

1.管理队伍缺乏管理经验

目前，高职学生管理工作队伍普遍呈现出年轻化的趋势，虽然在年龄上能与学生拉近距离，能更了解学生的想法、理解学生的行为，但是由于缺乏相关的工作经验，导致他们在具体处理学生问题上很容易以主观判断为主。而且年轻的管理者难免有一些普遍性的问题，比如遇事不够冷静、容易慌乱、欠缺耐心等。如果在工作中做不到忙中不乱、沉着应对，那么学生管理工作的质量和效率就很难保证。随着社会的不断发展，高职学生管理工作队伍的年轻化趋势已是既定事实，因此更好地组织和建设这支年轻的学生管理工作队伍、提高他们的综合素质和管理能力，是高职学生管理工作顺利开展的重要前提之一。

2.学生干部队伍素质参差不齐

学生干部是学生自我管理的主要力量，他们要在思想品质、专业水平、综合能力、心理素质、团队观念等方面成为其他学生的标杆。在学生管理工作中，大部分学生干部的个人素质非常好，能够发挥带头作用，负起自我教育、自我管理、自我监督的责任。

但是，也有极个别学生干部不适应学生工作，不能发挥学生干部的作用，无法在学生管理工作中起到表率作用。在学生干部队伍建设中应该全面提高学生干部的素质能力，提升高职学生干部队伍素质，从而保证各项工作的稳步落实。

3.学生管理工作的手段未能与时俱进

当代大学生的成长环境发生了深刻变化，他们的成长经历更加多姿多彩，他们的个性特征愈加鲜明，因而学生管理手段应该充分适应大学生群体特征的变化，不断增强管理工作的针对性。

但是，一些高职院校在学生管理工作中没能准确把握当代大学生的特点。如未能根据大学生心理卫生需要将心理健康教育融入学生管理工作中，没有充分利用网络信息技术等，影响了学生工作的效度。

（四）高职学生管理工作职责方面的问题

1.管理人员职责不明确

高职学生管理工作复杂烦琐、内容很多，学生管理工作的职责范围非常广泛，而作为最基层的管理人员（辅导员），他们的工作内容涵盖了从学生思想教育到日常行为规范，从专业技能培养到就业指导等方方面面。

高职学生管理工作任务多，许多辅导员表示，只要是与学生有关的事情，不论大小，不论属不属于辅导员的职责范围，人们的第一反应就是找辅导员协调和解决，但是有些学生方面的工作超出他们的能力范围。也就是说，有些事情不能简单交给学生管理工作人员单独处理。例如，对于学生的职业生涯规划与就业指导教育，应该由就业部门专业的就业指导教师来负责，可是在实际工作中，这项工作往往落在可能没有学过相关知识的辅导员身上。这样不仅会增加辅导员的工作量，而且也降低了学生管理工作的质量。

2. 学生管理工作效率低下

目前，高职院校管理者对于学生管理的首要目标仍然是以管住学生为主，并通过一系列的规章制度约束学生，以实现管理的目的。而直线型的学生管理组织结构导致学校领导在学生管理上的职责弱化，同时，学校领导与学生缺乏交流沟通。而且随着高职院校办学规模的扩大，院系一级组织多、生师比大、职能分配不均导致了基层学生管理工作者的工作量非常大，加上汇报工作中的逐级上报现象严重影响了学生管理工作的效率，导致学生管理工作的效率低下。

（五）高职学生管理工作理念方面的问题

1. 以学生为主体的理念得不到充分体现

新公共管理理论中的顾客至上、以人为本的管理理念，引入高校就是以生为本，把学生作为教育管理的中心。但以学生为主体的理念并没有充分体现，一方面，学生管理工作人员对学生的管理行为存在一定的主观性和随意性；另一方面，学校未建立一个能够让学生表达自身诉求和提出建议的平台来保障学生的权益，学校和老师缺乏渠道去掌握学生的真正需求，信息的不对称使学校的管理目标与学生的需求发生偏离，管理效果不佳。

2. 服务学生意识薄弱

基层学生管理人员（辅导员）对与学生干部的交流重视程度不够，对普通学生的了解不多，与学生沟通的次数较少。部分学生管理人员在与学生接触时比较被动，主动为学生服务的意识不强，在深入了解学生方面不尽人意。

二、高职学生管理工作存在的法律问题

（一）高职学生管理者法治理念不强

伴随中国法治化进程的不断推进，高职院校作为社会的一个有机组成部分，在不断适应新形势中要逐渐改变原来的管理模式。当然在目前的情况下，高校管理人员察觉到了法治化将是高职学生管理的发展趋势。随着学生法律观念的不断增强，发生在高职学生管理工作中的司法诉讼案件也呈现出了持续上升的趋势。高职学生管理中出现的诉讼案件也引起了社会对高校教育的关注，这一方面体现了我国推行的法治社会和法治中国建设取得了一定的成果，同时也彰显了高职学生管理过程中学生的权利意识和法治理念在不断增强；另一方面，则体现出在目前的情况下，我国的法治建设还有很长的路要走。

（二）高职学生管理工作法治环境存在问题

任何改革或者一项事务的推进，都需要有较好的、较成熟的外部环境作为保障。某一事物发展的实质是其所在的整个系统的发展，任何单一性质的发展都可能导致毁灭。例如，植物的生长需要土壤和大自然的雨水，而不是人为地添加激素，这种单一方面的强化会导致植物本身的性质发生改变，从而也使植物丧失了本身的一种自然生长的状态和功能。

在高职学生管理法治化的过程中也是如此，要兼顾高职学生管理工作的各个方面，从系统的自然生长状态的视角出发，审视当前高职学生管理法治化进程中所出现的问题。就像植物的种子需要有肥沃的土壤和相适应的气候才能生根、发芽一样，高职学生管理法治建设也需要合适的法治环境才能得到良好的发展。当前，高职学生管理法治环境存在的问题主要有两个方面。

1.高等教育法律法规体系不完善

虽然自 20 世纪 80 年代以来，我国的教育法体系框架和教育法律法规在不断完善，已经初步形成了高等教育法律制度体系，但还是存在规范性和完善性不强的问题，现行的《中华人民共和国教育法》《中华人民共和国高等教育法》和《普通高等学校学生管理规定》等法律法规无论是在内容上还是在数量上，相对于现实情况而言均是远远不够的。

就《中华人民共和国高等教育法》而言，作为高职学生管理法治建设的核心，它的条文抽象性和概括性较强、可操作性较弱，高校自主权过大。

（1）相关法律条文过于抽象，指向性不明确

有关学生管理的法律处于一种较低层次位阶，这种低层次的法律应该是具体的，但实际上却并不是如此。《中华人民共和国高等教育法》中规定了"高等学校学生的合法权益，受法律保护"，但并未对现实生活中的实际操作做出详细、

明确的说明。由此可见，这些有关高职院校管理的法律法规的内容过于抽象化而不利于实践中的适用，从适用范围来看也相对狭窄。

（2）上位法不足，高职院校自主权过大

例如，《普通高等学校学生管理规定》在纪律处分方面几乎赋予高职院校绝对的权力，高职学生是否为主体资格的权力几乎完全掌握在高校手中。国家在立法上的这种"空白性授权"导致高职院校在关于处分的管理过程中，违纪情节的严重程度以及重大损失的定性很大程度上依赖于学校管理者的主观判断，使得高职院校自主权过大。由于这种上位法的缺失，法治在一些高职院校中沦为了人治。

2. 高职学生管理规章制度不健全

我国高职学生管理法治化出现了诸多问题，而高职学生管理法治化程度较低体现在高职院校规章制度的不健全上。总体来看，我国高职院校规章制度建设层次相差较大，距离依法治校的标准尚远。

首先，一些规章制度的缺位导致某些高职院校缺乏管理的必要依据和标准，这就导致高职院校在学生管理的过程中存在空白和漏洞，这些漏洞可能是致命的。如有的高职院校虽然出台了很多学生管理规定，但是却往往缺乏关于自媒体平台建设管理的规章制度。有的规章制度没有经过调研就制定出来，导致高职院校的规章制度不符合本校的实际情况，也没有体现出"以人为本"的理念。

如当今高考招生改革中最热门的"大类招生"模式，即学生在被录取时按照一级（二级）学科、院系、通识教育等方式分为大类，在经过一年或者两年的基础学习后，再根据自身条件和社会需求进行专业分流。然而在进行专业分流时，一些新的问题和矛盾开始突显，很多学生会扎堆选择某些热门专业，这对学校的师资配备、教育设施、高职管理等各方面工作都会带来很大的压力；而如果采取其他的方式和标准进行分配，高职院校在没有公平规范的规章制度的保障下，会很容易产生新的管理难题，甚至有因此爆发了激烈的冲突而被告至教育部的真实案例。

其次，高职院校的规章制度未对某些权力做出限定、规范和约束，如高职院校的处分权。处分权是高职学生管理工作中的一项重要权力。例如，有些高职院校的学生管理手册规定，如经认定为考试作弊，将给予开除学籍的处分，有的学生的命运和前途往往就此毁于一旦。虽然《普通高等学校学生管理规定》中规定，违反学校纪律且情节严重的可以给予勒令退学或者是开除学籍的处分，但对于违纪情节严重程度的判定，高职院校具有极大的自主权，而发现作弊就开除学籍的处分制度很明显是处罚过重，违反了比例原则。

另外，高职院校的规章制度缺少必要的正当程序的规定。部分高职院校的规章制度缺乏严谨科学的程序规定，其中涉及高职院校权力的部分忽视了学生群体被告知权、申辩权等权利行使的问题。

第三章　多元视角下高职学生管理工作的机遇与挑战

我国社会经济的飞速发展在一定程度上带动了教育行业的发展，在新时代背景下，我国教育事业迎来了全新的发展机遇，但是也面临一定的挑战，教育领域面临着全新的改革以及创新。本章分为"互联网＋"背景下高职学生管理工作的机遇与挑战、大数据背景下高职学生管理工作的机遇与挑战、微时代背景下高职学生管理工作的机遇与挑战、自媒体背景下高职学生管理工作的机遇与挑战四部分，主要包括"互联网＋"背景下高职学生管理工作的机遇、"互联网＋"背景下高职学生管理工作的挑战、大数据背景下高职学生管理工作的机遇、大数据背景下高职学生管理工作的挑战、微时代背景下高职学生管理工作的机遇、自媒体背景下高职学生管理工作的机遇等内容。

第一节　"互联网＋"背景下高职学生管理工作的机遇与挑战

一、"互联网＋"背景下高职学生管理工作的机遇

（一）拉近了学生与教师的关系

以往的学生管理因为具有很强的行政意味，这种命令式的管理模式让双方之间关系变得紧张甚至是对立。相比之下，以互联网为媒介开展管理工作，则提供了一种更加宽松的氛围和缓冲的余地。在社交软件上进行沟通去掉了"教师""学生"的身份标签，在拉近师生距离、密切师生关系方面有明显效果。学生不但放下了戒备，而且对教师更加信任，在这种关系下组织开展各项管理活动，所受阻力会明显减小，也更容易达成管理目标。

（二）丰富了学生管理的方法

当代"00后"大学生对新奇事物有较为强烈的好奇心和求知欲，在学生管理事务中如果经常性地选择一些新模式、新方法有利于激发他们的参与热情，从而为管理工作的开展创造了便利条件。在"互联网＋学生管理"模式下，校园管理者可以选择的工具、方法变得更加多样。例如，利用微博、贴吧之类的APP注册成立校园官方微博、校园贴吧，除了定期发布学校的最新动态外，还可以与学生展开互动，作为收集学生反馈意见的便捷渠道，这为明确管理工作的重点也提供了参考。

（三）开阔了大学生的视野

网络是知识和信息的载体，它作为一个全新的事物进入我国，引发了创造性极强的大学生群体的极大好奇。也正是网络本身的广泛应用和软硬件技术的不断改进和更新，给广大学子带来了极大的创造空间：网页制作、三维动画、工业造型、网络科研项目、网络课件教辅、远程教育技术服务、大学生网络创业大赛等，无不在内容和形式上激发了大学生的创新欲望。于是，一大批以在校大学生为核心的企业应运而生，它们推动并引领了当今高校学子的无限创造激情，也给国家的未来和现实的经济发展带来了生机和活力。据调查，国际知名品牌"海尔"就从全国各高校猎取了大批在高校学习中创造性极强的学子充当其技术核心力量，"北大方正""清华同方"旗下更有大批优秀学子的创造身影。据悉，每年各高职院校不断涌现大学生国家创造发明专利和技术项目。同时，网络时代的发散性思维方式取代了传统思维并消除了其固有的较狭隘、死板的弊端，有利于培养大学生的发散性思维，帮助他们正确地看待周围的人和事，树立科学的人生观和世界观。

（四）增强了学生管理的时效性

倾听诉求、回应关切是高职学生管理工作的主要内容。传统的学生管理工作模式侧重于在问题发生之后再采取应对策略，帮助学生解决问题，因此管理上具有滞后性。将互联网应用到学生管理事务中有助于提前收集意见、掌握舆情，在矛盾爆发和问题出现之前，高职管理人员采取行之有效的应对措施，做到了防患于未然，从而突显了高职学生管理的时效性。近年来，大学生因为情感问题、就业压力、心理负担等出现过激行为的情况时有发生，基于互联网提升管理时效性对维护学生及校园安全也有积极帮助。

（五）创新了高校人才培养模式

人才培养模式是指学校根据国家人才培养目标和质量标准为大学生设计的知识、能力和素质结构，以及怎样实现这种结构的方式。传统的高职人才培养模式强调模式化、专业化和统一化，普遍适用的还是家庭、学校、社会三位一体的育人模式。在这个模式中，家庭、学校、社会发挥各自的育人功能，力求每个环节都做到最好，但是三个层面缺乏信息的沟通和共享，不能及时了解每个学生的不同需求，不能因材施教、量体裁衣，真正实现学生的全面发展。而在当前全国信息化的大趋势下，信息社会中人类智能化的创造力得到普遍运用，这对人才思考问题的方式、经济活动方式、社会实践产生了巨大的作用。高职院校培养人才必须与时俱进，适应社会不断变化的发展和需要，必须不断提升其职业素养和能力素养，熟练地掌握和应用计算机。可以根据相关专业知识对信息进行进一步分析，进行思维判断、科学实践，从而能够从容适应现代化的信息社会。大学培养的人才不是温室里的花朵，而必须使他们投身于信息化的大潮中，从而让真正的高层次人才能够在激烈的市场竞争中脱颖而出，积极推进高职院校的信息化建设进程。现在高职院校信息化发展处于依托校园网络、继续加强和完善的阶段，传统的像产品制造一样的机械式人才培养模式早已跟不上时代的潮流，必将被信息社会淘汰。我们应当抓住高校信息化建设的时机，促进人才培养模式的转变。同时，我们应该以人才培养模式的转变进一步带动高职院校的信息化发展，真正做到人才培养和信息化建设相得益彰、协同发展。

另外，网络时代的到来也极大冲击着大学生的思想观念，改变着大学生的行为方式。调查结果发现，所有的大学生都会通过网络聊天工具进行交流，学校网站、微信、微博、QQ群等是学生经常使用的了解各类信息的主要途径。信息技术在极大地丰富大学生的生活、为其学习提供便利的同时，不容否认其对高职院校的学生管理工作造成了很多的麻烦，增加了管理工作的复杂性和难度。特别是在当前大学生心理问题频发的情况下，网络不良信息引发很多严重的社会问题，极大地损害着大学生的身心健康，对我国高等教育的人才培养工作造成了极为不利的影响。由于网络时代各种类型的信息都可实现快速传播，对于当代大学生的人生观、世界观等的形成也造成很大的冲击，一些不良信息对大学生的思想、行为产生了很多的误导，导致一些学生对学习失去了兴趣，缺乏正确的动机，甚至沉迷于网络。同时脱离了现实社会，封闭自己，适应能力很差，导致大学生价值取向混乱，处理不好自己的学习与生活，增加了高职学生管理工作的难度与复杂程度。

（六）扩大了大学生的人际交往范围

心理学家普遍认为，良好的人际关系是心理健康的标准之一。相关研究也表明，人际关系与个体心理健康有着密切关系，有助于个体心理健康。一个缺少朋友、不能与他人和谐相处的人，一定是心理不够健全的人。不同学派的学者，无论是在心理疾病的原因探讨还是在心理治疗技术的研究中，都非常重视人际关系的地位和作用。在人本主义心理学者那里，人际关系与心理健康的关系问题更是被看作心理健康和治疗研究的中心问题。他们认为，自我实现者的重要特征之一就是能够与他人建立良好的人际关系。认知心理学的学者们则主要从人际问题解决方面对人际关系与心理健康间的关系进行了深入探讨。

人际关系冷漠是现代社会生活中日趋严重的一种社会病。人们在钢筋水泥的"森林"中孤独地出没，急切需要快捷便利而又自由的交际方式。网络交往使得人们的交往空间扩大，人际沟通的时效性、便利性和准确性提高，有利于良好人际关系的建立和发展，并且对学生网民的心理健康产生积极的影响。在传统交往方式下，个体的人际交往常常囿于实际生活中狭小的生活圈子。网络社会的人们却可以跨越千山万水，突破地域空间的限制，让整个地球变成一个小小的村落，真正实现"我们的朋友遍天下"。网络可以让人足不出户且在数秒之间找到多年挚友般的倾心感受，而免去彼此的客套、试探、戒备和情感、道义、责任。同时，由于网络人际交往的匿名性特点，学生网民间一般不发生面对面的直接接触，使得网络人际交往比较容易突破年龄、性别、地位、身份、外貌等传统人际交往影响因素的限制，建立更为和谐、民主、平等的人际关系。

网络不仅使一般的社交便利性提高、社会圈子扩大，而且解决了某些具有特殊困难的人群的社交问题。例如，一个面部烧伤严重的病人，可能因为变形的面部使得很多人不愿或不敢接近；一位行动不便者，可能因囿于一隅无法让自己走入他人的生活圈子；边防哨卡的士兵可能因为交通不便和职责而无法与外界沟通……电脑网络为这些特殊的人群提供了人际交往的全新天地。此外，网络也可以作为某些社交恐惧症患者进行系统脱敏治疗的初级训练工具：让他们先通过网络与他人进行无须直接面对面的接触和沟通，建立起人际交往的信心，随后再进行现实的人际交往训练。网络最突出的优点是它的交互性，它既是信息的载体又是媒体中介，实现了人与人之间的通畅交流。花样繁多的论坛、聊天室、虚拟社区、情感驿站等使广大学生网民可以直抒胸臆，发表自己的见解和看法，并充分表达和表现自我，结交各种朋友，相互介绍经验，共同进步。

目前，在校大学生大多数为独生子女，他们渴望与同龄人交流并得到认可；但独生子女在家庭中处于中心地位，在走出家门的人际交往中往往受到强烈的冲击和挑战，许多心理和情感苦恼常会不期而至。针对高职大学生的问卷调查显示，大学生心理障碍严重影响学习和生活，很多案例显示，有的大学生因此形成畸形心理并导致多种不良后果。同时，大学管理机制与中学的不同，人际真情沟通减少，学业和未来择业的压力迫使学生为学习而疲于奔命，但是校园文化的丰富多彩又引发不定时人际情感交流的增加，而网上交友就解决了专心学习和择时交友的矛盾。因为网上交友是"点之即来，击之即去"的速成交友方式，可以按大学生的学习闲忙而调节，在网上既可以推心置腹、抒发情感，交流思想和心得，又可以大发牢骚、排遣郁闷，达到缓解学习和精神压力的双重功效。

（七）加强了管理双方的沟通与反馈

传统的教育管理模式多以说教为主，以各类会议宣读规章制度，要求学生严格执行上层管理要求，利用管理者的权力和地位强迫学生服从要求，学生对管理要求一般持敷衍了事态度。管理者一般只能通过班干部获得信息，真实性一般都无法详细考证。被管理者有什么真实想法也很难及时反馈到管理者那里，造成学生对学校管理层的质疑。强压式的管理方式不能及时了解学生的各项需求，对学生中存在的问题也不能及时发现与解决，导致整个管理过程都是单向、被动的。

在信息化社会，作为网络的主要使用群体——大学生，网络已深刻影响他们的沟通交流方式。尤其是信息技术的迅速发展和低沟通成本的信息化手段的普及，无论是管理者还是被管理者都顺应信息化发展的要求。

目前，很多高职院校管理者都在自己的日常管理中熟练应用QQ、微信等信息化媒体，突破时间和空间的限制发布信息。一来顺应时代要求，迎合大学生的沟通习惯；二来避免了信息传递过程中的误差。被管理者可以通过网络及时了解信息，在虚拟空间就任何一个通知、任何一个事件发表自己的看法；学生工作管理者也能及时了解学生的思想动态并给予合理回复，在较大程度上提升了高职学生管理工作者与学生的沟通效率。

（八）促进了高职院校工作载体的创新

学生管理工作信息化是高职工作现代化和高效化的助推器。作为高职发展目标的学生工作信息化管理，既是信息社会的一种表现，也是社会信息化的一个具体目标。管理信息化和学生人本主义教育协调发展有机结合的学生信息化管理，有力推动了高职学生管理工作的现代化和高效化。

思想政治教育载体是指承载、传导思想政治教育因素，能为思想政治教育主体所运用且主客体可借此相互作用的各种思想政治教育活动形式，比如班会、讨论、电视、广播、各种社会活动等。教育者正是借助这些活动媒介对教育对象进行思想政治教育并与其进行双边互动活动，从而达到一定的教育目的。

传统的高职管理工作主要借助交谈、书信、电话、报纸、广播、电视等来完成，但是这些载体已经不能适应信息化时代的要求。在信息化时代，互联网已经成为主要的载体，思想政治教育载体应与时俱进，与信息化协调一致已成为一种趋势。网络的虚拟性使学生在网上建立虚拟共同体、虚拟社区等，QQ、微信、微博、网络心理咨询等越来越成为一种大众交流方式。将短信、微博等新形式纳入思想政治教育载体的范畴，是当前信息技术迅速发展的要求，也符合思想政治教育载体与时俱进、多元化的要求。这些新载体的出现是对传统思想政治教育载体的补充和发展。手机的使用在我国相当普及，已经成为生活必需品，每个人甚至不止有一部手机，人们可以通过手机随时随地发信息、打电话，因此短信成为一种新的载体形式不足为奇。它突破了传统载体的时间、地点限制，学校可以提供不同的思想政治教育板块，那么学生就可以根据个性化免费短信定制这些内容，随时随地接受思想政治教育。而微博也是随着信息化出现的新兴产物，它借助网络和手机两个平台，把微博作为思想政治教育新载体更具有针对性和实效性。其最大的优势不仅在于用户范围广，而且还在于它的闪电式传播，一条有吸引力的信息能在短时间内遍及全球。

（九）满足了大学生对网络社会的需求

1.大学生自主选择的心理需求对网络环境开放性的适应

网络使人们接受外部信息的方式发生根本改变，突破了原来的教育和传媒标准化、同步化、集中化的限制，不再被动地接受，而有了自由选择、主动参与、积极实现自我的广阔舞台。同时，互联网又可以超越时空限制，把世界"一网打尽"，人们可以在其中自由选择、自由创造、自由活动。当代大学生生活在一个思想不受束缚、社会竞争日趋激烈的改革开放年代，他们思维活跃、视野开阔、接受新事物能力强，不愿受教条的束缚，大胆地吸收人类文化宝库中的一切有用的知识并为己所用。他们往往以怀疑的眼光看待一切问题，他们不会轻易相信某种观点或论调，他们对传统权威会投以质疑的目光。大学生爱上网的一大原因就在于，在网络空间他们可以主动捕捉丰富多样的新闻、娱乐、游戏、交友、学习等信息，他们凭借自己所获得的信息和自身观察来认识和评判现实世界。他们讨厌成人灌输式的单一说教，喜欢以自己的思维方式去解读社会与人生，对成人较少崇拜和服从。

2. 大学生求知的心理需求与互联网信息海量性的适应

网络信息量大、传播速度快、覆盖范围广，已经日益成为大学生加强学习、提高自我素质的有效载体，成为大学生学习、生活的第二空间。网络的开放环境为高校学生学习提供了便利条件，把学生的求知视野由课堂内延伸到课堂外，由国内延伸到国外。学生可以通过网络随时选择和汇集各方面的知识和信息，网络多媒体技术激发了大学生的学习兴趣并增强了学习效果。在课余时间，学生可以按照自己喜欢的方式进行学习，根据自己的特长构建自己的知识体系，网络环境给予学生更大的自主权，激发了学生学习的潜能。在自主学习的过程中，学生学会发现问题、解决问题，培养了创新意识和思维能力。他们对网络信息的选择细心而严谨，培养了科学的态度，更重要的是在某些问题上能坚持自己的看法、形成自己的观点。

据了解，现在有一款名为"超级课程表"的手机APP给大学生提供课程信息，学生输入自己的学号和密码就可以一键导入学校的课程表。同学们可以在手机上随时随地翻阅课表，不仅可以获取自己每学期的课表，而且还可以了解其他专业的上课时间、地点、授课老师和热门程度，方便学霸们"蹭课"。网络技术的发展为广大学生的学习提供各种便捷，原先纸质化课表的查询显得滞后而不便，学生也易于接受先进的网络手段，新的软件技术也满足着学生学习的需求。

（十）提升了高职学生管理者的整体素质

互联网时代对高职学生管理者提出了更高的素质要求，既要求他们具有一定的思想水平和觉悟，又要求他们具备较高的网络管理能力和信息时代思维方式。为此，高职学生管理者必须加强对计算机及网络技术的学习，把网上研究与学生工作紧密结合起来，成为学生信息世界中的指导者和组织者；应该树立一种"教会选择"的观念，调整自己的角色，从"教会顺从"的训导者变成"教会选择"的指导者。

（十一）增强了高职学生管理工作的针对性

传统的高职学生管理模式中，学生处于一种被动接受知识的地位，不利于学生思维的发挥，创新精神被排斥或限制。而在互联网环境下，网络文化的强烈开放性和全球化、数字化、虚拟化等特点，使学生可以自由、平等地体验网络文化带给人们的新世界。在此影响下，学生由传统的被动式接受知识转化为主动参与思想交流，其赞成什么、反对什么都可以在网上表达出来。这使得高职学生管理者能够更迅速、更确切地了解学生的思想情绪，掌握其思想动态和利益要求，从而把握其思想脉搏和心理脉络并对症下药，做好教育与引导。如此一来，高职学生管理工作的针对性便大大增强，高职学生管理工作的效果也能大大增强。

（十二）实现了高职学生管理工作数字化

社会信息化是以互联网技术为代表的信息技术发展到一定阶段的必然结果。我们已经步入了信息化时代，社会信息化对于高职学生管理工作的影响是深远的。信息化让学生管理工作转向数字化。在以前，高职院校在统计学生的基本信息时往往采用"一个学生一张信息登记表"的形式，以便辅导员或其他老师了解学生的基本情况。而现在，对学生的信息统计基本上都已经采取了数字化方式，即当需要查找学生信息时，可以快捷方便地进行数字信息查找。同样，在高职院校数字化校园建设中，由于要求每个新建设的系统都要与中心数据交换平台相兼容，要符合数字化校园的标准，因此新系统的业务数据往往都会被提交到中心数据库中。这样做实现了学校数据管理的标准化、集成化、权威化，并确保数据的完整性、有序性、一致性和共享性，为业务系统和最终用户提供了便捷、高效、安全的数据，让访问服务实现了对数据的有序组织和集中管理，同时推动了职能部门的业务规范化和学生管理工作的科学化。

实行高职学生管理信息化，可以使学生管理工作的内容与管理流程更加科学化、制度化、规范化，它可以避免繁重的人力劳动，将原来大量的重复工作简化，避免人为的不合理因素，节约了人力，减少了工作量，并且避免了一些工作中的失误，提高了工作效率，拓展了学生管理人员的工作空间。信息化在高职院校的迅速普及极大地方便了学生的学习、生活，也极大提高了学校管理部门的工作效率，学校在实现校园管理的同时更加注重便捷的服务。数字化是指应用现代信息技术，将文本、声音、图像、动画等物理信息以一定数字格式录入、存储及传播，简单地说，就是信息处理的计算机化。数字化校园就是在校园内建设一个以校园网为媒介，以信息化管理为重点，以信息化服务为支撑的便捷的校园管理系统。同时，校园主干网络的建设覆盖整个学校，连接图书馆、食堂等自助终端设备，实现校园网和区域主干网的对接，实现教师教学、学生事务管理、教师教育研究信息的一体化，随时随地为校园里的教师和学生提供便捷的信息服务。

建设数字化校园就是建设一个理论和实践相结合、信息技术过硬、应用广泛的信息系统，实现信息服务数字化、智能化及信息管理自动化。实现学生事务信息化管理就是借助智能化的电脑系统，将学校行政管理、学生事务服务等不同的系统对接，这样各个部门之间的数据库就能实现共享，有效地解决了各个部门、各个院系各自为政的问题。这些信息通过网络转化为数字形式，相较于传统的上传下达的工作模式，大大加快了信息的传播速度并扩大了辐射范围，提高了工作效率，促进了数字化校园建设。

二、"互联网+"背景下高职学生管理工作的挑战

（一）多元网络思潮增加了管理难度

在相对封闭的校园环境中，互联网为高职学生提供了解外界信息、获取海量资讯的便捷渠道。除了少部分时间使用互联网查阅学习资料、观看线上教学课程外，大部分时间用来消遣和娱乐。与此同时，"00后"大学生的价值观念并不牢固，面对互联网上形形色色、真假难辨的信息，无法做到去粗存精，不知不觉中可能会被拜金主义、享乐主义思想洗脑。除了会影响学生的学业和健康外，也给高职学生管理工作的开展带来诸多的掣肘和阻力。

（二）挑战了高职学生管理人员的权威

随着社会化程度的提高，受教育者的自主性、民主性不断增强，互联网必然会给教育主体的行为带来挑战。过去的管理过分强调制度的权威性，很多政策、规定的制定都是有利于管理者的，强制性要求学生无条件地服从，使得学生被动地接受要求，对于一些不合理的规定敢怒不敢言。教育管理者是信息的唯一发布者，代表着管理层的权威。在网络环境下，大学生可以借助网络更快捷地获取信息，有时候甚至会先于管理部门和有关教师获取信息，管理者的权威性受到挑战。

网络信息化的发展使教师不再是大学生学习中唯一的导师，网络上各种思想理念使管理者的说教不再成为大学生的"福音"。学生对管理者枯燥而反复的说教有时显得极不耐烦，特别是对他们行为的控制和约束使得学生觉得老师不理解自己。加上有的教育管理工作者不能耐心引导学生，更加激发了学生的对抗情绪，使师生关系处于紧张状态。

（三）侵袭了高职学生的思想观念

传统的思想观念的形成基于一定的物理空间，受到个体人际交往圈子的限制，长期以来受到个体身边的人们潜移默化的影响，思想观念相对稳定。一般而言，

处于同一社会地位的人的思想观念相近，即使某些人思想偏激也只能影响身边的人，传播范围有限。

互联网改变了传统的社会交往方式，给人类交往以全新的内涵，人们可以自由访问各种信息资源，了解不同国家、不同民族的思想意识、价值观和生活方式。如果不对网络舆论加以正确引导，就不利于大学生形成正确的思想观念。西方文化、日韩文化借助网络长期影响着大学生，对其思想道德观、价值观、人生观的形成产生一定的负面影响，部分大学生的思想西化，不愿正视现实生活，社会责任感淡薄。少部分大学生因为错误的思想意识而走上违法犯罪的道路，这些因网络环境而引发的教育问题正是教育管理者所担忧的。管理者必须通过有效的管理方式引导大学生在海量的网络信息中坚持正确的舆论导向，以正确的心态面对网络环境的种种诱惑。

（四）高职学生管理团队的信息素质亟须提升

互联网对校园生活、教学工作和学生成长产生的影响不容忽视，这也决定了校园管理者必须主动转变思维观念、提升自身的信息素质，以满足新形势下学生管理工作要求。现阶段，一些管理人员虽然意识到互联网的价值，但是在工作实践中未能将两者融合起来，还是沿用传统命令式管理模式，导致管理者与被管理者之间的界限清晰，容易造成矛盾的激化，难以取得预期的管理成效。提升自身的信息素质并培养网络思维，也成为校园管理者自我完善的一个方向。

（五）高职学生管理平台建设相对滞后

近年来，互联网在高职院校的教学工作中展现出了强大的应用优势，特别是慕课（MOOC）、直播课的出现提供了海量的学习资源，满足了个性化学习诉求。在这一基础上，将互联网与高职学生管理相结合具有成熟条件。但是从目前来看，有的高职院校缺乏主动建设和创新网络管理平台的动力。以学生使用频率较高的微博、贴吧等为例，很少有专职的教师运营和管理，未能将其打造成为学生管理的新平台，这也成为制约管理工作创新发展的因素之一。

（六）挑战了传统的高职学生管理方式

在传统的高职院校学生管理方式中，高职学生管理者起主导作用，他们将含有社会要求的、正面的政治观点、思想体系、道德规范的相关信息有目的、有计划地灌输给教育对象，而受教育者在内外各种因素的综合作用下有选择地接受这些信息，进而"内化"为自身的个人意识，之后再"外化"为实际行动。在这一过程中，高职学生管理者传递信息的手段主要是上课宣讲、座谈讨论、个别谈心、开展主题活动等，以报纸、广播、电视、电影等大众传媒为辅助工具。

而在网络环境下，单向的高职学生管理方式已经不能有效满足大学生的心理需求。事实上，当代大学生也来越习惯于网络这种双向甚至是多向的沟通方式。这就要求高职学生管理者在开展工作时必须借助于网络，并采取更为民主、更为自由的方式。只有这样，大学生才能积极参与到高职学生管理之中，从而推动高职学生管理工作取得良好的成效。

（七）挑战了高职学生管理者的人格魅力

一些高职学生管理者在开展工作时，由于对网络的影响预计不足，缺乏与网络相关的思想、知识与技术准备，从而导致学生管理工作无法顺利开展或是无法取得良好的成效。这样一来，高职学生管理者就有可能缺乏大学生所崇拜的科学文化素质、人格魅力及亲和力。而对高职学生管理者来说，人格魅力和亲和力有时决定了教育的效果。因此，高职学生管理者极有必要丰富自己的网络知识，不断提高自己的网络技能和网络运用能力。

第二节 大数据背景下高职学生管理工作的机遇与挑战

一、大数据背景下高职学生管理工作的机遇

（一）更新学生管理模式

高等教育大众化的趋势推动了高职学生人数的迅速增长，而学生数量的增长加大了学生管理工作的难度，再加上学生的家庭背景、文化背景等存在差异，传统的学生管理模式已经无法适应当前社会的发展。传统的学生管理是通过班长、团支书与学生进行沟通，而这种转述和沟通方式很容易出现以偏概全的问题，降低了管理的效率。所以借助大数据技术能够优化管理方式，带动管理模式的改变，同时也能对学生进行有效、高效的管理。

（二）工作更有针对性

互联网环境下，学生习惯将交流的内容通过视频、文字等形式进行传播和学习，相比较传统的学习模式更复杂。这些数据体现了他们的日常生活、行为动态和内心情感。高职院校的学生管理者可以从庞大的数据中搜集到有价值的信息来

指导学生，并开展相应的学生管理工作。例如，可以通过分析学生的阅读喜好把握学生的思想动态，还可以通过对学生之间的交流内容的分析及时关注学生的思想动态，不断提高学生管理的水平。

二、大数据背景下高职学生管理工作的挑战

（一）网络信息安全责任重

在当前互联网时代下，基于互联网的各种信息和资源日益丰富，学生在上网的过程中由于对互联网的了解和安全意识较为匮乏，很多时候会出现信息丢失、遇到诈骗等事件。所以在这种难以把控的环境下，学校需要担负起自身的责任，不断提高网络系统管理水平，加强关于网络信息素养、安全意识的培训。不仅如此，当前有些高职院校的学生和教师没有及时对新型的技术进行运用，所以在相关系统操作中无法使用其功能。这就使得部分教师和学生不具备一定的大数据思维，而这些问题影响了个性化教育。如当前很多学生热衷于借助社交媒体平台进行交流，但有的教师却不会使用，所以大大地影响了双方之间的交流。高职院校的学生管理者要适时开展基于大数据技术的辅导工作和学习工作，提升数据整合和数据挖掘能力，并能够借助大数据软件从各类数据中及时发现问题、解决问题。当前正处于数据资源利用和共享的多元化时代，很多数据资源的处理出现了孤岛化、荒漠化的现象，所以提高数据的共享率、加快数据的交换速度，在一定程度上能够促进大学生管理工作的进一步完善。

（二）缺少人力、物力

当前部分高职院校的学生管理工作依旧以管理者为中心，对学生的服务意识不够，忽视了以学生为主体的发展模式。很多学生管理工作的开展都以说教和布置任务为主，这样会使学生处于被动和缺少主观能动性的状态，影响了学生的个性和能力的发展。

因此，为了有效地提升学生管理工作效率、紧跟时代的发展步伐，加强对于学生管理工作的创新，不能过于死板、僵化，不能单纯地以管理为主要目标，不能忽视对学生群体的跟踪服务，要从学校和学生长期发展的角度科学制定信息模式和信息管理方案。在信息化时代下，部分高职院校可以充分借助网络和信息资源及时调整工作方法，并借助大数据技术进行学生管理工作。但从实际的高职院校数据处理模式来看，很多管理者对于学生信息等复杂数据的处理分析能力不强，不能有效地将大数据技术应用到对学生的服务中去。其主要原因在于有的高职院

校尚未对大数据的基础应用投入足够的人力、物力，甚至不被有的学生管理者认可和理解，没有通过技术手段来解决当前学生的实际学习问题、生活问题和发展问题，没有充分地利用好大数据技术。

（三）数据有效利用率低

在大数据时代，高职学生管理工作会产生较多数据，但利用率还需提升。部分管理者对大数据缺少全面理解，很难较好运用大数据技术与思维理念，导致学生管理出现重复工作的情况，在增加工作量的同时，工作效率也明显下降，不利于长期管理。与此同时，在数据分析与利用方面还存在不足，应用过于局限，无法体现大数据的价值，与大数据时代发展需求不适应。

（四）大数据信息监控不严格

在大数据环境下，学生每天接触各种各样的信息，信息类型五花八门，学生往往不会主动筛选、过滤信息。但这些信息会对学生未来发展产生巨大影响，积极正能量的信息有利于学生发展，但那些存在危害的信息则会对学生成长与发展产生不好的影响。大数据是一把双刃剑，面对各种信息却无法有效筛选、过滤，同样会产生不可预估的后果。随着管理工作效率的提升，一些负面信息必定会造成严重的威胁，大学生无法准确甄别和判断这些信息，会对自身造成不利影响。但是，大数据能指引我们在海量数据中寻找、获取新的管理理念与方法，在实际管理工作中有效渗透和应用。要在海量数据中筛选出对学生管理工作有效的信息，要求管理人员具有较高专业能力。管理人员要有耐心地对学生周围信息数据进行监控，如果出现不良信息应及时清理。从当前高职数据监管工作情况来看，监管效果并不理想，监管不到位，存在缺陷和不足。数据监管工作开展难度系数大，需要长期完善与落实。

（五）难以辨别鱼龙混杂的信息的真伪

大数据时代的到来让多样化的数据存在于网络中，许多信息鱼龙混杂，给高职学生管理工作带来挑战。加上缺乏对数据的有效监控，导致数据利用效率低下与数据信息混杂难以辨认，造成网络上负面信息大量存在，致使学生的价值观受到冲击，特别容易形成错误的个人主义、拜金主义等价值观。而高职院校由于数据管理体系不完善，数据维护得不准确及不稳定，无法及时发现存在的问题，且由于学生信息鉴别能力较弱，阻碍了学生的成长。

第三节　微时代背景下高职学生管理工作的机遇与挑战

一、微时代背景下高职学生管理工作的机遇

（一）丰富了学生管理工作的方法和手段

微时代背景下，很多高职院校的校园网络已基本或是正在努力实现教学区和生活区的全覆盖，高职学生也都已使用智能手机。许多高职院校学生管理工作者从实际出发，尝试建立了班级、院系、院校等不同层次的微博、微信、QQ等微媒体平台，并把它们作为开展思想教育、学习教育和日常管理等工作的新阵地，旨在创新工作方法和手段，实现高职院校学生管理方式的信息化、网络化，增强工作的时效性，增强其在学生中的影响力和辐射力。如通过微博、微信等平台发布各种资讯：校园新闻、专业特色、人才培养、招生就业、师生风采、评先评优、助学贷款、学费缴纳、重要通知等，这使得微媒体平台成为校园内学生与学生、学生与教师、学生与学校沟通和交流的一道窗口，成为学生管理工作的新平台。

（二）增强了学生管理工作的改革动力

微时代背景下，随着微信、微博等微媒体的渗透扩散，其在学生中不断普及。其内容五花八门，其信息传播速度极快、传播范围极广，以排山倒海之势来到学生中间，对学生的价值理念、行为方式等都产生了巨大的影响，也为高职院校学生管理工作带来巨大冲击，迫使管理者不得不进行改革。高职院校应顺应新的时代要求，充分利用微媒体平台改革传统的管理渠道，将管理思想、管理理念、管理内容通过微媒体在学生管理工作中加以实践，改变长期以来学生管理工作中"只有看得见的管理载体才能实现有效管理"的错误认识。

微时代背景下，管理者运用微博、微信等微媒体参与学生管理工作，较之传统媒体显示出其独特优势。一是微媒体突破了传统媒体的单向性，向多维度、多侧面转变。二是微媒体具有信息资源丰富、形式多元化、互动性强等优势，这些优势可用于创新学生管理工作模式，丰富管理方式和内容，增强了改革的动力。微时代背景下，高职院校学生管理工作面对学生、家长、社会等多方面的关注，不得不进行改革来适应"微时代"的发展要求。

（三）激发了学生主体参与管理的积极性

微时代背景下，微博、微信等微媒体为学生展示个性、表达自我、了解社会、参与实践提供了更好的平台，也使学生更注重个人权利，更要求民主，同时微博、微信等微媒体也为学生加入校园文化建设、实行自我管理提供了更为宽广的舞台。随着微时代的快速发展，其开放、平等、民主的环境激发了大学生参与管理的积极性。如今在微博、微信这些平台中，也到处可见大学生参与实践、参与社会，尤其是参与管理的身影。如学生常常通过微博或者微信来表达希望享受更多的教育、管理、服务权利，包括平等接受教育的权利、参与学校管理的权利、获得正确评价的权利、享受良好教育和生活环境的权利等，并对学校的教育、管理、服务工作提出许多意见和建议，受到管理者的重视。因此，校园微媒体平台建设是加强和保障大学生主体地位，并参与校园文化建设、学生自我管理、学校重要决策等的重要途径。

二、微时代背景下高职学生管理工作的挑战

（一）学生工作管理理念需要更新

传统的学生管理工作仍然以学校制定的管理措施为标杆，制定的学生管理工作制度很少征求学生意见；即使有，对学生的建议也很少进行整理、反馈、采纳，存在一定的片面性。而且管理者往往站在校方角度去看待和处理学生问题，很少把学生摆在第一主体地位，从学生的实际出发，以学生为本的管理理念难以贯彻到位。随着微时代的来临，一些高职院校管理者已经运用诸如微博、微信、QQ群等微媒体平台开展学生工作，但是他们往往只是在形式上稍微有所变化，工作理念并没有与时俱进；且工作方式仍旧单一，管理无大的创新特色，利用微媒体管理的空间依然存在局限、收效甚微。学生作为被管理者依然处于从属地位，影响了学生的主动性、自觉性和创造性。如今，微媒体已成为大学生交流互动、学习和生活的主要方式，如不更新管理理念、树立师生平等意识、重视学生的主体性地位，极其容易导致"穿新鞋，走老路"的现象。

（二）学生工作管理方式要实现多样化

传统管理模式以"上至下派"为主。微时代背景下，微博、微信等微媒体传播方式具有快捷、易互交、多元、开放的特点，这给传统高职院校学生管理方式带来了新的挑战。首先，传统的学生管理一般是垂直、单一的由上而下方式，而微媒体广泛存在于学生的学习、生活、交友、购物等领域中；其次，传统学生管

理自上而下的方式缓慢耗时，而微媒体可以多维度、多视角、多时空进行信息的传播；最后，传统学生管理中学生的主动性差、被动性明显，而微媒体传播提供了较强的交互功能等，这些都为高职院校学生管理工作创新多样化的管理模式创造了条件。微时代背景下，微媒体潮流下的在校学生对制度化、民主化、服务型的学生管理模式的需求日益增强，学生管理工作者应逐渐转变思想、更新观念，创新多样化的管理模式，为在校学生的全面发展创造一个广阔的平台和空间。

（三）学生工作管理内容更加复杂

微时代背景下，加强对学生的舆情引导是学生管理工作中的重要内容，而舆情引导又是一项非常复杂的工程。微时代背景下，信息传播出去之后就会得到迅速关注、转发，并在很短的时间内形成舆论，极易在学生群体中造成广泛影响，甚至成为引发校园安全事件的导火索。

目前，大学生通过微博、微信、QQ等媒体平台产生的校园舆情言论主要有以下几个类型：参与国内外重大社会热点问题的言论；关于学校办学形象及声誉的言论；对于学校的教学教改、管理服务、基础设施建设等相关工作的意见、建议及其他学生权益类的言论；突发校园公共安全事件的言论等。微时代以迅猛之势到来，面对复杂的局面，高职院校还应建立健全针对微媒体的监督管理机制，积极引导校园舆论，为学校的健康、和谐、有序发展提供更好的保障。

（四）学生工作管理队伍建设需要加强

微时代的到来给高职院校学生管理工作者带来了诸多便利，微媒体已然成为高职院校学生管理工作的新领域、新阵地。但是由于微媒体技术存在一定的复杂性，这就对管理者素质和能力提出了更高的要求。在目前情况下，学生管理工作者的微媒体技术应用能力和使用素养仍然良莠不齐，需要进一步提升。在校园中，无论是使用数量还是运用微媒体的能力，学生甚至比学生管理工作者要多要强。而且微媒体技术的更新升级速度极快，这也无形中加大了高职院校学生管理工作者的工作难度。如微博在学生中盛行时，许多管理工作者这时才意识到可以利用微博；当管理者已熟悉并充分利用微博进行学生管理时，学生已经开始使用微信等新媒体。而且学生管理工作者对微博、微信等新兴微媒体的了解程度也参差不齐，如有的较年长的管理者基本不了解微博、微信等微媒体信息传播方式，遇到临时突发事件时无法快速及时了解事件发展动态，从而错过了采取正确的应对措施的时机；年轻的管理者又缺乏有效管理的经验及与学生沟通互动的技巧，且发布的信息也缺乏吸引力，难以激发学生参与的积极性。

一方面，微时代为高职院校学生管理工作带来了机遇，为及时有效地解决高职院校学生管理工作中的突出问题创造了新的条件，丰富了学生管理工作者的方法和手段，激发了学生主体参与管理的积极性，增强了学生管理工作的改革动力；另一方面，微时代的到来也为高职院校学生管理工作带来了巨大的压力，特别是在管理理念、管理方式、管理内容、管理队伍等方面提出了新的挑战。

总的来说，高职院校学生管理工作应该充分发挥微时代的积极作用，推进微媒体与高职院校学生管理工作的有机结合，为高职院校学生管理工作实现科学化、信息化、现代化创造条件。

第四节　自媒体背景下高职学生管理工作的机遇与挑战

一、自媒体背景下高职学生管理工作的机遇

（一）提升了学生的社交能力

在中国互联网络信息中心发布的《中国青少年上网行为研究报告》中，占据青少年使用率前三的自媒体平台分别是微信、QQ 和微博。从这些自媒体的特征可以看出，这些都是综合类的社交平台，服务功能不断增强。自媒体之所以对大学生有很大的吸引力，其中重要的原因之一就是其具有强大的社交功能。社会中的每个人都不是独立存在的个体，相互之间都会存在一定的联系。联系建立在个体之间的信息交换和情感信任基础上，自媒体作为当代人际交往中的重要媒介，它在人际交往中体现出来的是平等和便捷，这使得大学生可以大胆表达内心最真实的想法。这种交往不受身份的限制，可以避免生活中的尴尬，无形中扩展了大学生之间的沟通和交流空间，有助于大学生的人际社交。

作为经典的社会交往综合型软件，微信、微博等自媒体充分发挥了当下自媒体的通用特性和社会性服务网络的功能，促进了自媒体平台中使用者的交往与互动。首先自媒体平台的使用者可以通过相互"关注"构建起"粉丝"友谊关系，这是形成自媒体人际网络的重要一步。公众通过在自媒体平台上的"评论""转发""点赞"等功能进一步加深信息的交换和互动，二者在各自信息传播的过程中互相影响、互相促进，加强了社会沟通和交流。通过自媒体平台的"关注"功能，学生可以将对老师的认识从学生工作延伸到日常生活，通过"评论""转发""点赞"功能与学生管理工作者进行互动。学生管理工作者也可以通过"关注"功能

来了解学生的生活动态、思想状态及对时事的看法。因此自媒体平台有助于学生管理工作者有针对性地开展学生管理工作，从而在管理的过程中引起学生的共鸣，增加学生管理岗的吸引力。

（二）改变了学生的学习方式

自媒体的综合性发展使其信息内容更加丰富，涉及面不断被拓展。例如在微信公众号平台上，许多教育机构、学术周刊或高校官方微信公众号相继上线。自媒体学习服务多功能的发展使当代大学生可以随时随地学习，利用手机即可获取知识，自主安排学习进程，调节学习节奏，增强学习自主性，缓解学习压力。

虽然高职院校的学习氛围相对于初高中而言轻松许多，但是面对日益加大的竞争压力，学生往往在面对压力或心理问题时难以找到正确的路径去解决问题，进而出现心理压力或负担逐渐加重的恶性循环。自媒体平台的开放性以及内容的多样性和良好的互动性，使得遇到问题的学生能够找到合适的方式解决问题，缓解了因学习而产生的学习压力。

（三）有效丰富了学生管理模式

在常规的学生管理中，管理工作主要集中在线下管理与校内管理两个方面，一直存在管理效率低、缺乏针对性的问题，在工作中更容易受到时间与空间因素的制约，再加之每个学生的主观能动性存在差异，这些因素都会对最终的管理效果产生影响。但是在自媒体技术的支持下，学生管理范围进一步扩大，线上管理、校外管理成为管理的新主流，学生可以在自媒体平台上进行信息传播，也强调构筑自己的网络空间。这就要求教师在学生管理中应该重视网络空间，了解学生在自媒体平台上的思想动态。从另一角度来看，自媒体平台的出现也有效解决了学生管理模式单一、枯燥的问题。以传统的高职学生思政工作为例，传统模式下的思政工作主要是通过集体课堂宣传教育实现的，效率低下。但是在自媒体时代，教师则可以利用学生认可的模式开展工作，进而全面激发学习热情，增强学生的政治认同感，保障学生管理工作平稳有序进行。

（四）帮助学生及时了解相关资讯

自媒体时代的快速发展使相关媒体产品成为学生必不可少的日常应用，当代大学生的日常学习、生活不再是局限于象牙塔般的校园，由自媒体所带来的资讯是开放且多元化的，学生获取信息的渠道更为多元，获取信息更加便捷。调查报告显示，大多数学生的资讯来源于自媒体，大学生每天的上网时长中用来检索信息或者浏览信息的时间所占比重较大。这有助于学生拓宽知识面、了解时事新闻。

对自媒体平台而言，一方面，自媒体平台所传播的社会信息精炼而丰富，承载信息的形式多种多样，能够快速吸引人们的视线与注意力，能够很好地展示高职大学生管理工作的目的、任务、原则、内容等基本信息。另一方面，更重要的是自媒体易于被高职学生管理工作者掌握，这得益于自媒体平民化的门槛。对于高职大学生管理工作而言，自媒体平台的使用会让学校的信息更加快速便捷地传送到每一位学生手中，有助于学生及时了解学校相关资讯。

（五）实现了学生管理资源的共享

自媒体强调信息的传播与交互，随着信息传播速度的不断加快，教师在学生管理中也有了更多的选择。例如，教师可以借助自媒体平台进行资源共享，并且平台上的各个高职院校之间可以通过自媒体平台交流学生管理中的常见问题。如分析学生学习积极性下降的原因，并由高年资教师介绍学生管理的应对措施等；或者针对学生管理中的特殊事件进行分享，如利用自媒体上传学生在运动会上的优异表现，打造"明星学生"，为教师管理学生树立标杆，让学生管理工作更有方向性等。也有学者认为，通过自媒体技术，教师可以将自己的授课视频上传至平台上，或者发送与学生管理有关的文章等，确保优质教育资源在整个平台上快速传播，这对于提升教师的学生管理能力有积极影响。

（六）提供了学生管理工作新载体

以往的学生管理工作常常受制于时空界限，而自媒体打破了传统的时空界限，学生管理工作的方式增多，多样化沟通渠道的应用（微博、微信、学校专属 APP 等）使得管理工作更有针对性和前瞻性，极大增强了学生管理工作的时效性，同时学生学习的自主性和活力也得以提升。此外，利用自媒体，借助其双向沟通方式的及时性和共享性优势，一来保障了传达给学生信息的效率，特别是在放假期间，利用企业微信、钉钉等办公软件可以及时通知或传达新的消息；二来还可以获得更具民主性的决策，例如应用网上问卷调查等工具，根据学生的建议或意见改进和优化学生管理工作，确保贴近或满足学生的个性化需求。

（七）推动了学生管理工作的良性循环

自媒体以其丰富、有趣、新鲜的内容和形式吸引着当下青年学生，并逐步深入学生学习、生活的各个方面，越来越多的学生通过自媒体平台，如微博、微信、抖音等渠道表达观点。大部分青年学生至少拥有一至两款个人自媒体平台，这些平台成为学生向外界展示自己的重要渠道。作为学生管理工作者，学生在哪里，我们的关注点就应该在哪里。利用自媒体平台可对学生进行更为全面和整体的认知和了解，在润物无声中走进学生的生活，贴近学生的需求。对于在自媒体平台中了解到的问题，应及时与学生沟通，给予他们更合理健康的引导和帮助。如此，在促进学生管理工作实现良性循环的同时，工作实效性也将得到不断增强。

（八）拓展了学生管理信息来源渠道

在过去的学生管理工作中，了解学生的信息主要通过谈话、观察或反馈来实现，这三种途径具有片面性和不及时性的缺点。而在自媒体时代，利用自媒体工具可以便捷、快速地与学生进行交互，摆脱了面对面交流的尴尬，更具人情味和亲和力。而且教师可以根据学生在自媒体中的表现或言论得到学生的内心倾诉，得知学生内心的真实想法，从而为调整工作策略提供参考或依据。此外，利用自媒体还可以融入学生的圈子，使学生消除与教师的距离感，促进师生关系的民主化，学生更愿意向教师敞开心扉，能收到更好的教育成效。

（九）丰富了学生管理工作的内容和形式

从内容上来看，传统学生管理工作主要集中在校内和线下；受自媒体平民化、普遍化特征的影响，学生管理工作范围已逐步扩展到网络和校外。随着自媒体的出现和普及，学生的表达渠道不断增多，学生作为个体在个人自媒体平台进行创作或对媒体信息进行传播，也越来越注重在自媒体中构建自己的网络空间。这使得高职院校学生管理工作者必须不断根据学生动向更新学生管理工作的内容，对学生在自媒体上的言行举止加以重视。

从形式上来看，传统的学生管理工作由于受空间和时间的限制，以及受学生主观能动性和个体差异性的影响，学生管理工作主要集中在线下，侧重解决多数学生普遍存在的问题，不可避免造成了高职院校学生管理方式的单一和枯燥。自媒体平台的发展和盛行为解决这一问题提供了新的可能。例如，在学生管理工作中十分重要的思想政治教育工作，受传统管理和教学方式的限制，高职院校主要通过统一管理和教学的形式开展思想政治教育工作，长此以往，单一的说理和说教无法真正提高学生的学习积极性和认可度。自媒体则用青年学生喜爱和易于接受的媒体形式介入高职院校的思想政治教育工作，更能激发学生的学习热情，进而才能更好地实现思想政治教育工作对于增强学生政治认同感的作用，并推动高职院校学生管理工作的平稳有序进行。

二、自媒体背景下高职学生管理工作的挑战

（一）网络信息资源泛滥

自媒体的信息传播是一把双刃剑，在产生积极影响的同时也会有负面的影响产生。因为信息的多元性，学生所接收的信息都是未经筛选、过滤的，再加之大学生都会有猎奇的心理，缺乏对信息的准确判断，难免会接触不良信息，造成学生的身心遭受垃圾信息的污染。部分非法分子利用网络传播媒介的快捷性和传播迅速的特点，加之大学生缺乏网络安全及自我防范意识，导致大学生往往会成为不法分子瞄准的对象。

自媒体平台具有平民化和交互性强等特性，在传播和交换信息时往往可以不受限制。由于缺乏有效的信息监管机制，以及现有法律对网络自媒体的监管力度不够，网络自媒体平台上信息传播的随意性问题日益严峻，产生的负面影响日益突显。

（二）自媒体的虚拟性影响大学生心理健康

自媒体的虚拟性社交是互联网社交的一个鲜明特点，虚拟性可以使网民在社交过程中塑造另一个或多个完全与现实生活不相符的新身份。大学生可以利用自己的另一个虚拟身份进行社交，宛如进入另一个全新的世界，畅游在网络世界里，寻求刺激。在这样一个吸引人的世界中，自制力不够强的大学生往往容易沉迷于虚拟世界中无法自拔，无法与现实世界区分开来，严重影响正常的现实生活。

有时自媒体虚拟性平台的舆论会使网民陷入一种言论失序的境况，主要表现为失真的各种不良信息，因自媒体传播迅速的特点使舆论难以控制，极易形成舆论热点。大学生的主观意识极强，容易受复杂的信息影响，影响大学生对事物的正确判断力，从而影响当代大学生的心理健康。带有特定目的性的自媒体平台会故意营造某些社会舆论，发布具有思维误导性的信息，进而影响社会大众的价值观念，缺乏媒介基本素养的自媒体信息的发布者和参与者往往极其容易表现出道德失范行为。

（三）自媒体冲击学生的思维理念

自媒体时代，很多平台账号都可以成为一种媒体。媒体变得越来越具有个性化，信息交互更加开放和自由，导致一些信息的质量难以保证。学生身处于自媒体环境中，网络信息随处可见，信息内容良莠不齐。受监管缺位的影响，很多媒

介上的虚假信息将会冲击学生的价值观念，导致学生思想判断出现混乱，轻信传言甚至以讹传讹，产生了扭曲的价值观，久而久之迷失自我。

（四）自媒体平台泛娱乐化现象严重

美国批评家尼尔·波兹曼（Neil Postman）在《娱乐至死》一书中认为："我们社会各界、各行各业似乎都愿意或毫无怨言地甘做娱乐的附庸，直至最终，社会中的个体都成了带有娱乐至死精神的物种。"首先，在当今自媒体和互联网快速发展的时代，泛娱乐化的现象在生活中无处不在，主要表现为传播内容的娱乐化。自媒体平台中的独立媒体会根据个人的价值观和利益，为了迎合青少年的追星或娱乐需求，乐此不疲地报道明星的现状或娱乐圈的八卦丑闻，甚至在特殊时期，某些政治题材的新闻也会被不良媒体娱乐化。其次是意见领袖的娱乐化。在微博平台或微信公众号平台，众多娱乐明星或名人基本都会被网友盲目追捧，对他们的关注度也是居高不下。自媒体时代的泛娱乐化在一定程度上满足了大学生对于追星的心理需求，但是其过度娱乐消费，甚至娱乐信息的"三俗化"所产生的问题，以及以韩国为代表的"韩流"通过娱乐化包装在自媒体上广泛传播，必定会给大学生的思维认知、社会价值观取向、审美情趣等方面带来不可忽视的消极影响。

第四章　高职学生日常管理工作机制的
创新发展

高职院校是向社会提供职业人才的重要教育场所，肩负着人才输出的重担，因而，学校必须加强对学生的管理工作，提升管理效率。对学生进行管理不是学校单个部门的责任，而是需要各个部门相互配合，为学生营造更好的生活及学习环境，共同致力于学生综合素质的提升。受多重因素的影响，高职院校学生管理过程中存在着诸多问题，不利于学生的全面发展。因此，高职学生管理工作需要不断创新。本章分为高职学生管理主体的创新、高职学生管理过程的精细化、高职学生管理手段的创新三部分，主要有建立双主体管理模式、树立精细化管理的理念、学生管理中的思想政治教育手段创新等内容。

第一节　高职学生管理主体的创新

一、建立双主体管理模式

高职院校的学生管理涉及的范围非常广，可以说涵盖了方方面面，但主要包括两大块，即班级的管理和宿舍的管理，或者说行为的管理和思想的管理。要从机制上创新管理模式，实行双主体管理模式，就是把纷繁复杂的管理主体最后归类为两个，那就是班主任和舍务老师。可以由专职辅导员兼任班主任，由舍务老师兼管心理咨询和思想政治教育。这样，在学校宏观管理的基础上，在院系的辅助指导下，把心理咨询、思想政治教育、安全教育的职责分别划归到专职辅导员和舍务老师的身上，可以有效避免管理主体的混乱，不至于名义上有多头管理主体。明确两个管理主体，重要的是明确各自的管理职责，最好能做到无缝对接、不缺位、不缺勤，既是各自管理，又是共同管理。

二、采用导师制管理模式

导师制一般应用在高校中，对硕士研究生及以上的学生进行的一种特殊的管理制度。它的优势是针对性强，管理责任可以落实到具体的人。如果高职院校采用导师制管理模式，一个导师带 6 个人或者 10 个人，一个 50 个人左右的班级，就只需要配备 6 名左右导师。导师可以选择班主任、辅导员、思政课老师、行政工作人员和其他责任心强的工作人员等。这种一对一或者一对多的导师制管理模式，相比每个辅导员要管理 250 个甚至多达 300 个学生的情况，显而易见，可以让学生管理工作更具体化、更责任化。优秀的导师不仅可以在生活上和学生的精神方面，能够做到比较轻松地关心、帮助和引导学生，还可以在学业上、思想上和心理上给予学生更多、更实际的关怀和帮助。化整为零、化多为少的导师制管理模式也能够增加学校对学生情况的了解及对其思想行为动态的掌控，学生也可以在得到更多的关心和关爱的情况下，对学校有更强的归属感，由此可以形成良性循环。

（一）实施导师制的必要性

1. 实施导师制是完善学分制的需要

目前我国部分高等职业院校已经采用了学分制，以选修课为主的学分制虽然在增强学生独立性和自主性方面有着重要的作用，但是也存在一些缺陷和弊端：一是学生的知识结构和思维能力还不能完全保证选择课程的正确性；二是部分学生为了实现就业而忽视全面发展，急功近利，在选修课程中表现出过度职业化倾向；三是部分学生为了图轻松和逃避压力，选修课程时不顾知识结构的完整性，趋易避难，从而导致知识面过窄、综合能力无法得到提高；四是部分学生对自己的兴趣、优势和职业取向把握不准，导致浪费了时间和精力却没有学到有利于就业的知识和技能。因此只有实施导师制，充分发挥导师的指导作用，才能保证学分制的有效实施，才能保证学生学习内容的系统性、完整性和科学性，才能保证学生理性地去建构自己的知识和能力体系。

2. 实施导师制是实现因材施教的有效途径

传统的高等教育模式只注重单向的知识传递和统一的培养规格，培养出来的学生往往综合素质不高、实践能力不强，动手能力和适应能力弱，缺乏创造和创新能力。高等职业院校要培养能够适应经济社会发展、适应技术飞速变革的高级技能型人才，必须尊重个性、发展个性，必须改革人才培养和管理模式，做到因材施教。导师制正是遵循因材施教的教育规律提出的，因为它能够全面而深入地了解学生的个性、志趣和特长，因人而异地制订学习计划并进行指导，使每位学生在导师的指导下发挥自己最大的潜能，提高个人素质。

（二）实施导师制的有效措施

1. 完善导师选聘制度

（1）打破终身制

当前我国地方高职院校普遍存在导师终身制现象，导师一旦获得导师资格便终身都是导师。在这种情况下，导师资格更多体现的是一种头衔和荣誉，而不是一个岗位。显然，导师终身制是不利于研究生教育良性发展的。因此，必须打破导师终身制，实行导师聘任制。聘任制更多体现的是一种契约关系，需要双方对彼此负责，导师工作出色就会被续聘，导师工作不合格就可能被解聘，这时候导师资格才真正地作为一种岗位而存在。在对导师进行遴选的时候，高职院校必须打破以前那种偏重于职称的评定模式，而应该把导师课题和科研经费的多少、导师的道德品质、导师的能力纳入导师遴选条件。

（2）完善遴选制度

在遴选过程中，高职院校必须严把质量关，做到公平、公正、公开，严格按照遴选程序来执行，杜绝人为因素的影响。对于那些有才华、有能力却没有必要职称和资历的中青年教师，学校应该为他们开辟绿色通道，对他们进行破格晋升。这些青年才俊有朝气、有活力，勇于开拓创新，也有足够的能力去管理学生，把他们吸纳到导师队伍中来，对于提升导师队伍的整体质量有很大帮助。但是这种破格晋升的做法也应该受到监督和约束，不能被一些不符合条件的人钻空子。在遴选导师的过程中，只有把严格公正与灵活性有机结合，才能保证研究生导师队伍的良性发展。

（3）加强聘后管理

导师终身制现象在我国由来已久，以往导师资格作为一种头衔，被人们更多地当成一种身份的象征。在现实工作中，导师一旦通过选聘获得了导师资格便终身拥有，几乎很少有导师会失去这种资格。高职院校对导师的聘后管理常常流于形式，没有真正起到作用。虽然高职院校都有对导师的考核评价，但并没有把考核的结果与导师的聘后管理相结合，对导师没有产生必要的约束力。随着我国导师资格由身份象征向工作岗位的转变，对导师的聘后管理提出了更高的要求，那就是要实现导师聘入和退出的正常化，确保导师既能上又能下。要做到这一点，高职院校就要把对导师的选聘、考核、奖惩相结合，使三者有效连通，发挥竞争机制和激励机制的作用，实现优胜劣汰。

2.建立导师管理机制

学校需要设置导师管理机构并完善导师的相关管理机制。以广州番禺职业技术学院为例，导师管理办公室设在教务处，由教务处牵头负责日常管理，定期组织开展导师的聘任、培训、考核、评优等工作。各教学单位成立工作小组，由教学单位行政负责人任组长，由分管教学的中层干部任副组长，各专业负责人、教学秘书为主要成员。工作小组根据本单位的实际情况，制定相应的管理规定和实施细则，负责本单位导师的日常管理工作。

3.完善导师评价制度

建立一个全方位、既能定性又能定量的导师评价制度有利于提高导师工作效率，强化导师工作成效。导师工作考核可采用导师自评、学生评价、所在教学单位评价相结合的方式，全面考核导师履职情况和指导效果。

（1）制定合理的考核标准

当前高职院校对导师工作的考核普遍不够全面有效，往往是定量指标少、做定性要求的内容多，使导师的工作成绩不能得到合理的评价。之所以出现这种情况，主要是因为学校对导师的工作职责规定得不够明晰，使得导师工作不能被合理量化，也不能被准确地评测。因此，要使考核工作具有可操作性，首要的工作就是明确导师工作职责，并尽可能地将其细化和量化，把导师的全部工作内容合理拆分，具体到细微之处。诸如导师与学生面对面沟通的次数、导师为学生制订的具体培养计划等。只有这样考核工作才能顺利展开，才能全面客观地评价导师的工作成绩。

有了考核工作的着力点，还要制定科学合理的考核标准。考核标准反映了学校对导师的具体要求，是评判导师工作成绩的标尺。制定考核标准的目的是促进导师的工作目标与学校的发展方向相吻合，引导导师的工作行为，所以考核标准一定要科学合理。此外，在制定导师考核标准的时候千万不能"一刀切"，要充分考虑到学科和专业之间的差异。

（2）采用多元评价主体

通常情况下，高职院校对导师的考核评价工作主要由上级主管部门来负责，有的学校会在导师之间开展互评，几乎没有考虑到学生的想法。高职院校导师的工作内容丰富、形式多样，他们的工作成果往往具有长期性和复杂性，单一的评价主体很难做到绝对的客观公正，所以当下这种评价方式存在很大弊端。学生平常接触导师较多，是导师指导工作的直接受益人，对导师的工作情况具有很大的发言权。因此，学生应该被纳入对导师的评价主体之中。要想全面客观地对导师工作展开评价，就需要通过多元的评价主体从多个方面着手进行。评价主体可以包括同专业的导师、被指导的学生、学校管理部门、校外专家团体等，通过学生评价、导师之间的互评、上级评价等多样的评价方式，才可以真正地对导师做出全面而客观的评价。多元的评价主体能够充分地调动学生与导师的积极性，激励导师改进工作中的不足之处，提高自身水平和工作成效。

（3）运用多元评价方法

导师、学生、管理者作为导师指导活动的主要参与者，都有资格参与到对导师工作的考评活动中来。作为重要的评价主体，三方通过各自的参与构成了一个完整的考评体系。导师间的互评、学生的评价、导师的自评、上级管理者的评价都在导师工作的评价过程中发挥着重要作用。鉴于导师工作内容的复杂性和评价主体的多元化，单一的评价方法很难客观公正地做出评判。所以我们必须从导师工作的实际情况出发，综合运用多种评价方法，针对不同的考核内容采取不同的评价方法。导师自评时可以运用总结法，这样看起来比较直观。导师互评时可以运用问卷法，一定程度上可以避免尴尬。管理者对导师进行评价时可以运用统计法，操作起来客观而高效。学生进行评价时既可以采用问卷法，也可以采用访谈法，两者可以结合起来使用。

4. 建立导师激励机制

为了提高导师工作的积极性，可以给予导师一定的工作补贴或学时上的减免，对表现较好的导师给予一定的物质激励和精神支持，可以使导师工作与年度考核、绩效工资、评奖评优、职称评定挂钩。例如，广州番禺职业技术学院把导师工作纳入年度考核范畴，并作为教师职称评定的重要指标。每年各教学单位根据导师履职情况和指导效果在导师工作考核表上写出相应的考核意见，并按优秀、良好、合格、不合格四个等级确定导师的考核等级，其中优秀导师的比例达到本单位导师总数的10%。学校还设立"优秀导师奖"，每年教师节对工作表现突出的优秀导师进行表彰和奖励，并公开宣传其先进事迹。

目前虽然很多地方高职院校有一些激励机制，但都是一些浅层次的激励方法，不够系统和完善。导师激励制度建设应该以导师聘任制和岗位责任制为主线，着力解决目前存在的导师选聘上的形式主义、招生指标平均分配等不合理问题，强化导师的权责利。以上现象存在着很大的不公平性，导师在工作中无论做得好坏都被同样地对待，导师工作考核不合格也不会被降职、解聘，导师没有课题科研经费也依旧可以得到研究生招生指标，这无疑极大地削弱了导师们的工作积极性。由于以往学校导师的权责利不明确，没法对他们进行有效的考核和奖惩，所以，学校在导师选聘上要引入竞争机制和退出机制，彻底破除目前存在的导师身份象征问题，废除导师资格终身制。在导师考核上要引入奖惩机制，对于导师的指导业绩，既要进行过程绩效评估，也要进行结果绩效评估；要保证评估的公平性，做到奖优罚劣，以此来调动导师工作积极性。

在对导师的具体激励手段上，在满足导师物质需要的基础上，要更加重视导师精神层面的需要。只有从精神需要层面入手，才能使激励效果达到最佳。所以，高职院校要为导师营造宽松的学术环境，使导师能够精神愉快地投入到工作中去，在自由的工作氛围中搞学术研究，不过多被行政权力干预。此外，高职院校要重视对导师的培训工作，多为导师提供进修的机会，并为导师提供资金支持和制度保障，不断提升导师的综合素质。

5.改进导师培训制度

（1）做好导师职前培训工作

进行职前培训是每一个新导师入职前都必须经历的一个步骤，这项工作无论是对外聘来的导师还是从学校遴选出来的新导师都很重要。通过职前培训，本校新晋升的导师可以学习到导师的工作职责和具体的工作要求，从而对导师工作有了一个全面的认识。外聘来的新导师通过职前培训可以尽快了解学校的一些基本情况和学校的文化理念，从而能更容易地投入新的工作环境中来。因此，学校必须重视导师的职前培训，并把这项工作抓好。在对导师进行培训时，需要从这几个方面入手：其一，要有针对性地进行培训。因为每个导师的具体情况不同，他们的年龄、学科背景都不一样，如果培训的内容都一样，显然培训的实际效果会大打折扣。所以，在培训开始之前就要把他们划入不同的组，分开来组织培训。其二，开展多种多样的培训活动。工作职责和相关的规章制度可以由人事部门来讲解，新旧导师之间可以通过座谈会的方式来交流经验，此外还可以举办讲座。其三，培训结束后对导师进行考核。通过考核可以让导师更加重视培训工作，也能让导师认识到导师工作的重要性，进而增强责任意识。此外，在培训工作中要合理安排时间，避免干扰导师的正常工作。

（2）加强导师职后培养

现代社会知识更新速度极快，导师在一定时间内掌握的知识是有限的，如果不及时更新自己的知识储备，便会跟不上时代的步伐。为了提高导师的水平、保障导师的质量，加强导师的职后培训便变得格外重要。当前我国广大地方高职院校在导师职后培训上做得很不到位，需要在这方面大力改进。

首先，高职院校可以在校内定期或不定期地组织一些培训活动。其中，举办讲座和研讨会可以作为培训的主要形式。学校可以经常性地请一些学术水平高的教授、学者来做讲座，这样可以让导师们了解到前沿的学术动态，开阔自己的学术视野。通过定期举办研讨会，导师们可以就一些教学问题和学术问题相互交流，把自己的一些困惑和见解与大家分享，共同总结经验和教训，一起商讨解决办法，从而提高整体的学术研究和教学水平。

其次，学校应该鼓励导师进行在职进修。学校可以采用把导师的进修与职务晋升、工作考核、科研奖励挂钩的方式来调动导师在职进修的积极性。同时，高职院校还要多为导师创造出国深造、脱产进修的机会，为他们进修提供制度保障和资金支持，以使他们能安心地进修。此外，高职院校应该尝试建立学术休假制度。在导师工作到达一定年限以后，高职院校可以给导师半年或更长时间的假期，让导师有机会通过学术休假的时间到其他高职院校或研究机构交流学习，从而进一步提升自己的能力。开展职后培训不但有助于提升导师们的教学和学术研究水平、扩大他们的学术视野，还能对导师产生一种激励作用。

三、尝试学长制管理模式

学长制管理，也被称为助理辅导员管理。所谓"助理辅导员"，是指通过严格制度选拔出来的政治觉悟较高、文化素质较高、心理素质较好，并有足够的能力协助辅导员做好学生的思想政治教育工作、学习学籍工作、日常管理工作、各类活动的组织工作，以及各种评优评先工作的党员群体、学生干部或高年级优秀学生。在学生教育和管理过程中，助理辅导员起到了非常重要的作用。助理辅导员是辅导员和班主任的得力助手，能够在辅导员、班主任与学生之间起到传达信息、解决矛盾问题的桥梁纽带作用，还能够协助辅导员和班主任搞好班级管理工作，将学校的主要工作和上级精神及时贯彻落实到班级，落实到每个学生身上。就学生方面来看，助理辅导员可以在学生的生活和学习方面进行指导，起到良好的榜样示范作用。另外，助理辅导员本身在工作中可以提升自己各方面的能力，如组织能力和口头表达能力。同时在评奖评优、入党就业等方面学校会予以倾斜等，通过该工作可不断实现自己的人生价值。

（一）实施学长制的现实意义

1.使新生有认同感，易于沟通

学长本身是学生，与新生年龄接近，有共同的语言和心态。在新生眼中，学长比教师更容易接近，所以新生能向学长敞开心扉并咨询各种问题，学长们也会毫无保留地向新生提供正确的、积极的方法。特别是对于家庭困难生这一特殊的群体，学长易于消除他们的戒备心理，在学习和生活上给予他们真诚的帮助，在心理上帮助他们克服困难，愉快地投入学习和生活中去。

2.是教师和学生之间的桥梁纽带

学长在学生和教师之间起到了桥梁和纽带作用，有效解决辅导员、班主任人手不足的问题，推动新生教育管理工作的顺利开展。对于辅导员、班主任来说，学长可以帮助辅导员和班主任完成一部分事务性工作，这样辅导员、班主任就可以解脱出来，投入学生思想政治教育工作和课程教学中去。

3.可发挥先锋模范作用和学习引路人的作用

学长是学生中的先进分子，他们思想先进、学习勤奋、工作出色，有广泛的群众基础；他们的思想行为、一言一行，每时每刻都在学生中产生潜移默化的影响。学长制的实施可以让他们把这些先进性充分体现出来，也会对其他学生产生正面的导向作用。

（二）实施学长制管理模式的路径

1.强化研究生学长的身份意识

将学长制结合爱校荣校的校园精神文化建设，能够更好地推动管理工作的开展，使学生之间的关系更为密切。高职院校在响应国家关于加强研究生思想政治教育号召的基础上，还应该充分挖掘研究生思想政治教育的创新空间，构建研究生学长制，给予高年级研究生骨干以新的价值赋权，不仅要让学长带动学弟、学妹开展日常管理、学习、科研活动，更要给予作为研究生的学长提升自身综合素质的平台和锻炼管理能力的机会。高职院校可以尝试将学长制纳入全校综合管理的规定中，提升学长制在研究生心中的重要性，自上而下地推进这一模式的实施。同时，在政策制定中也要增加对研究生学长制工作的追踪督查，落实过程管理，让研究生学长制更加健康地发展。

2. 强化学长制的育人功能

由于专业教师及导师不可能全天候在校，学长制便可在师生之间起到桥梁及黏合剂的作用，将立德树人的德育工作理念体现在全程及全方位育人的过程中。高职院校在完善以立德树人为目标的德育工作中，需要给在学长制中起主导作用的学长配以充分的校级资源，并强化对骨干学生的思想政治教育和管理，因为他们是区别于教师、辅导员、宿舍管理员的第四支学生管理队伍，也是和低年级研究生走得最近的一支思想政治教育队伍。高职院校不仅要在制度设计上充分考虑担任学长学生的付出，给予其一定的生活补贴及专业学习的机会和资源，同时也要突出过程管理的把关性，淘汰思想政治水平偏低、专业能力较差、沟通交流及管理工作不到位的学长，激发每一个身为学长的高年级研究生的潜力，将学长制中的每一个细胞充分激活，形成链条式的组织矩阵，推进德育工作和学生自主管理工作的进程。

第二节　高职学生管理过程的精细化

一、树立精细化管理的理念

现代企业对精细化管理的定义是"五精四细"，即精华（文化、技术、智慧）、精髓（管理的精髓、掌握管理精髓的管理者）、精品（质量、品牌）、精通（专家型管理者和员工）、精密（各种管理、生产关系链接有序、精准），以及细分对象、细分职能和岗位、细化分解每一项具体工作、细化管理制度的各个落实环节。"精"可以理解为高标准、高质量，精益求精，追求完美；"细"指注重细节、细致，注重效率、效益。精细化管理最基本的特征就是重细节、重过程、重基础、重具体、重落实、重质量、重效果，讲究专注地做好每一件事，在每一个细节上精益求精、力争最佳。这个概念强调三个层面的内容：其一是全员管理，精细体现在每个员工的日常工作中，并依靠全体员工的参与来组织、实施企业的活动，其中涉及岗位职能的定量、复合，工作流程的标准化以及工作效果的最佳化；其二是全过程管理，精细体现在管理的各个环节之中，每一个环节都不能松懈、疏忽，应该做到环环紧扣、道道把关，也就是我们常讲的细节管理；其三是市场管理和运作。精细化管理的宗旨是通过对行为不断追求精与细的努力，最终实现最优管理目标的过程。高职院校学生工作琐碎、繁杂，是一项理论性、思想性、实践性很强的工作。为了改进传统模式，部分高职院校引入了目标管理理论，它是基于结果的管理，而精细化管理是过程与结果并重的管理。因此，将精细化管理的某些观点和理念合理地进行借鉴和吸纳，推行学生工作精细化，坚持"做精、做细、做实"的原则，可以有效地提升高职院校学生工作的效率和水平。

二、坚持精细化管理的原则

（一）系统性原则

高职院校学生工作是一项复杂的系统工程，而学生管理工作的精细化则是一项全面系统的改革工作，它关联到学生工作内容的方方面面。学生工作的各个部分、各种要素、各类资源只有依据系统的要求进行构建分配才能高效地实现育人目标。高职院校在尊重核心教育理念和教育内容的同时，要系统地调整现有的教育方法，秉持"效率与效益的最大化、最优化"原则，重新分配学生工作中的人、财、物，用创新的方法构建起精细化的教育体系，同时也构建了高职院校学生工作的生态系统。学生只有从中吸收到新鲜的精神食粮，才能获得良性的发展。为此，高职院校应树立系统观念，把系统理论应用于学生工作，科学部署校园生态系统的职能，制定系统的精细化教育发展规划，从而使各项工作层层递进、有效开展。

（二）动态性原则

随着改革开放的深化、国际交流的深入，各种思潮相互激荡，致使高职学生的思想意识、道德观念、生活方式等均发生了较大的变化。学生是祖国的未来和希望，与时俱进是高职院校学生工作的特征。构建高职院校学生工作精细化管理模式必须立足于现实，尊重新时期社会主义建设的实际需求，坚持动态性的原则，使各项工作对学生真正起到实质性的触动作用，而不是片面追求"精"和"细"的形式主义。学生生活在当今急剧变化的社会中，会受到各种各样的思潮冲击，这正是动态性原则的立足点。同时，学生工作精细化管理是一个永无止境的过程，随着环境的逐渐变化和人们认识水平的不断提升，现行的一些精细管理做法也许不再适用、不再精细，这就需要对现行管理做法及时做出改进。显然，精细化管理不是一阵子的活动，而是一个持久、精进的过程。精细化管理模式就是要使不同类型的学生都能获得有针对性的教育引导，从而使学生工作在精细化管理模式中得到进一步深化与扩展，获得可持续发展的源泉动力。

（三）人文性原则

人文性即以人为本，它突出人文关怀，充分体现人在学生管理工作中的主导地位，强调从根本上做好人的工作。它的最终归宿是以学生为中心，关心学生，爱护学生，尊重学生，培养学生积极的情感态度、健康的审美情趣和高尚的道德情操。学生健康、全面地发展是人文性最根本、最彻底、最成功实施的体现。学生的需要是有差异的，人与人的感受也是不同的，所以高职院校学生工作的精细化必须站在学生健康、全面发展的高度，努力搭建民主、科学、平等的平台，以人文性贯穿始终，以弥补理性化管理与刚性管理的不足。

三、量化学生管理的过程

量化学生管理工作过程，具体的体现就是学生管理人员工作日化和量化。每日的工作要量化，内容包括了检查和要求。检查的内容包括早操、上课迟到、早退和旷课等"五按时"情况；课堂秩序和课堂效果情况；学生的"第二课堂"开展情况；每日工作计划的制订和实行情况；晚上自习的情况和学生宿舍生活情况。以上检查中发现问题的，要及时做好防范和处理工作，该约谈的就约谈，有原因的要分析和研判。辅导员要做好每日学生工作情况的检查记录，及时向上面管理部门和领导汇报问题，当天值班的辅导员要在值班本上做好值班记录，不值班的辅导员要写好工作日志，存档保管好。辅导员要协助宿舍管理中心和学校学生行政管理部门，做好查寝工作，对发现的特殊情况及时处理。辅导员还需深入班级开展听课工作，可以每日量化，也可以每周量化，或者每月量化。辅导员与学生的谈话次数也可以量化，量化到每学期每人次。

四、学生管理模式精细化

（一）实行差异化管理

所谓差异化管理，就是在高职院校的学生管理过程中以学生的不同性格特点以及爱好为教育基础与依据，对学生采取针对性比较强的管理方式与方法，进行能力的培养与教育。俗话说"一母生九子，九子各不同"，何况来自不同成长环境的学生。高职院校的生源非常广泛，也比较复杂，他们经历不同，性格和兴趣也迥异。所以，高职院校学生管理的全过程必须充分尊重、重点注意学生之间的差异性，实行有针对性的教育和管理，要"亲其师，信其道"。第一课堂属于教育课堂，可变性不大；管理者们可以充分利用好第二课堂，全面深入地对学生实行差异化管理。通过开设不同的兴趣班，把兴趣相同的同学组织起来，共同学习，共同进步。在宿舍管理中也可以实行差异化管理，对不同特点的学生归类管理、区别对待，这样一方面提高了管理效率，另一方面也提高了教育质量。

（二）实施柔性化管理

1.树立柔性管理理念

（1）转变传统管理理念

随着现代教育的改革与发展，原有的刚性学生管理模式亟待改革。现有的学生管理模式更加注重以学生为本，更加强调柔性化管理理念及管理模式。传统刚性管理模式下，辅导员能直接对班级规章制度、班干部任免等相关活动进行管控，可以说是"一言堂"，没有以学生为主体，忽略了学生的需要。显然，上述情形与柔性管理理念有着较大的差异，与柔性管理的理念是相悖的。在具体的学生管理工作过程中，应该充分尊重学生的个体差异性，不断与学生进行沟通交流，让每一位学生都能够畅所欲言，对班级的相关管理工作提出建议，让学生都能够成为独立的自我约束的个体。柔性管理在具体的操作过程中既要对学生给予充分的重视，又要对学生的个性进行全面化的培育及发展；师生间相互尊重，学生间相互关爱，构建一种良好和谐的班级氛围。

（2）坚持以生为本的理念

柔性管理倡导以生为本的管理理念，强调学生是发展的、具有独立意识的人，这就要求教师将学生作为管理的主体，站在学生的立场和角度进行思考。教师注重对学生的个性培养，深入了解每个学生的思想品德、家庭背景、学习状况、心理健康等多方面情况，立足于学生的特点来培养其良好个性。

2.建设柔性管理文化

（1）建设柔性校园文化

校园文化体现着学校的文化特点和它与众不同的魅力，同时也起到促进师生相互沟通的桥梁与纽带作用。建设柔性校园文化能够较好地引导学生自我管理和促进学生个性化的发展。在校园开展柔性管理能够显著增强班级的凝聚力，提高班级管理工作的工作质量及工作效率。

（2）塑造柔性班级精神

柔性规范既可以充分发挥学生的个性、促进学生的个性化发展，又能培养学生积极进取的精神。它能将广大的同学团结凝聚在一起，使其形成合力，而且有利于学生将个人的思想情感、班级精神进行有效的结合，显著激发学生的团体合作以及协作意识，使每一位学生都能够为了建设良好的班风做出应有的贡献。

3. 充分调动学生主观能动性

实施柔性决策，鼓励学生参与。在管理班级的时候可以采用柔性决策的形式，就是每个人都可以参与其中，将部分管理权限下放，让学生都能够积极主动地参与，如班级纪律检查、文娱活动组织等。

运用柔性策略，做到因材施教。高职学校的学生是一个复杂的群体，学生个体差异较大。管理者想要对他们进行有效的教育管理，就要结合实际情况进行适时的调整，做到差异化管理。

增加实践活动，促进柔性交流。高职院校在具体的发展过程中时刻坚持以就业为导向，在具体的教学及管理过程中采取合理有效的措施，帮助学生全面发展，使其能够满足企业及国家的实际就业需求。高职院校的管理人员应该充分借助柔性管理的相关优势，不断地将其应用到各种教学实践活动中，这样不仅可以提高学校的教育教学水平，也能提高学生的自我约束及自我管理能力，使其不断地对自身进行调整，以满足时代发展的需要。例如，可以开展一系列的志愿实践活动，让学生都能够积极主动地参与其中。活动开始之前，老师与学生之间进行充分的沟通、交流，讨论具体的活动规划以及应该如何做准备，并对学生的建议给予充分的重视。这样不仅有助于老师对活动进行统一的协调组织，也能够让学生的实际情感诉求得到充分的尊重，彼此之间可以搭建信任的桥梁，整个沟通也会比较顺畅，师生之间以及生生之间的关系将会更加和谐。

五、用绩效考核管理人员

如何用绩效考核高职院校学生管理人员是现实性的问题，也具有挑战性的意义；既是当前高职院校需要深入研究和着力解决的问题之一，同时还是高职院校绩效考核评价中比较突出的难点问题。有效建立合理科学的绩效考核指标体系，关系到能否正确评价高职院校学生管理工作人员、提高管理水平，促进学校教育事业的进步。但是，高职院校在大规模扩招后，为了上档次、提水平，急于稳定队伍、改善办学条件，事实上，经费、管理水平和人力资源都远远不够，跟不上学院的发展和扩招。于是，高职院校开始引进校外的人力资源参与学校的学生管理，因此，对学生管理工作人员的绩效考核显得非常必要。绩效考核要的是对考核发展功能的注重，淡化评比结果，突出过程，要建立起良好的平台，供多元化考核主体间交流沟通，建立立体性的绩效考核机制。

第三节　高职学生管理手段的创新

一、学生管理中的思想政治教育手段创新

（一）创新思想政治教育理念

树立以人为本的教育新理念。新形势下，高等院校的思想政治教育要改变过去教师"一人掌勺"、忽视学生主体性的局面，树立"以人为本"的教育新理念，就必须充分认识当前学校教育的实际情况，深入分析学生的思想状况，认识社会对学生的影响，真正了解学生、关心学生，树立"育人首位"的思想，一切为了学生，为了学生的一切。具体来说就是要做到以下几点。

1. 尊重学生的个体差异

要承认学生的差别，尊重学生的个性特点和兴趣爱好。不要动辄把学生归类，不要轻易把生理问题、心理问题归结为思想问题，不要试图把学生的思维方式、思想观念和行为表现改造成一个模式。

2. 把握学生的正当需求

人的需求多种多样、各不相同，要正确引导、妥善处理。不要把个人的正当需求认为是"个人主义""私心太重"和"追求资产阶级生活方式"，不要简单地用社会的、集体的需求来否定或取代个人的需求。

3. 维护学生的合法权益

自由、平等、民主和正当的个人权益是社会赋予人的基本权益，高职院校大学生亦是如此。思想政治教育要尊重学生的主体意识、民主意识和平等人格，尊重他们的权益。

4. 帮助学生实现自我价值

自我实现是人的高层次追求和需要，引导和帮助人们实现自身价值是促进人的全面发展的应有之义。学校要想方设法为学生提供施展才华的舞台，创造良好的学习和生活环境，使学生充分发展，享受因努力而带来的成就感，并产生对自己的价值认同，树立自信心，逐步实现自己的人生理想。

（二）创新思想政治教育载体

20 世纪 90 年代以前，高职院校思想政治教育工作的开展多借助课外文化的交流、大众媒体的传播及教师的言传身教。现如今，随着互联网技术的迅速发展，网络思想政治教育资源得到了极大的丰富，思政课堂的时空延伸也成为一个必然趋势。

将创新理念融入高职院校思想政治教育，其一，可以基于网络平台的发展打造多维立体课堂。传统的课堂授课已无法满足大学生多样化的需求，而以互联网技术为核心的网络平台的迅速发展则满足了个体信息获取的异质性需求，也使学生接受思想政治教育的途径变得更加多元。微博、微信、网课等平台与手段的出现及普及推动了信息技术与教学手段的深度融合，也使得高职院校思想政治教育教学工作的开展更加行之有效。其二，可以借助新媒体丰富高职院校思想政治教育内容的呈现形式。在高职院校思想政治教育课堂教学中，可以将多媒体技术与实体课堂进行有机结合，利用图文并茂、音频穿插等方式增强教学内容的可读性，也可利用更多巧妙有趣的形式加强思政课堂对学生的感染和吸引力，进一步加强师生之间的互动与交流。其三，可以依靠新媒体创新高职院校思想政治教育的课堂管理方式。网络、移动终端等新技术的快速发展在给课堂教学带来新挑战的同时，也给课堂管理带来了便利，我们要做的就是将其带给思想政治教育课堂的不良影响转变为强有力的技术支持。

（三）创新思想政治教育方法

思想政治教育方法与教育效果呈正相关关系。传统的思想政治教育多采取说教或课堂灌输方式，虽然这种教育方法有一定的效果，但随着科技发展与时代进步，其教育效果不佳。创新高职院校思想政治教育必须在教育方法上有所突破。其一，实现从关注普遍到关注个体的转变。当代学生独立意识、个性意识极强，传统的思想政治教育"一刀切"的教育方法已经完全不能适应当代学生思想政治教育的需要。这就要求思想政治教育工作者从学生的个性特点出发，在发现问题后有针对性地因人施教，采取个性内容创新化教学方式。其二，注重切身感知。传统的思想政治教育往往拘泥于课堂知识的获取，但其弊端是"顶天"而没有"立地"，有知识认知但缺乏实际体验。创新高职院校思想政治教育方法，就要鼓励教师适时走出课堂，进行户外教学，让学生在现场中切身感悟。

1. 亲和感染法

高职院校思想政治教育的感染力来源于教师的以理服人、以情感人、以身作则。只有教师对学生的教育态度具有被学生认可的亲和力、提供的内容具有被学生肯定的针对性，才能曲高和众，达到思想政治教育的预设目标，有效完成立德树人的根本任务。但令人遗憾的是，目前我国高职院校思想政治教育却存在着以情感人有待加强、潜移默化影响不足、话语方式有待转变、运用能力亟待加强、环境营造仍需完善等问题，与促进学生全面发展、突出内化于心实效、完成育人根本任务等期待目标距离较大。因此，首先要创新方法：一是情感共鸣法，即以直观与情感直接结合后产生类似或相同的情感，对高职院校学生的内心进行感染与浸润，从而引发思想碰撞与情感共鸣；二是潜移默化法，突破传统教育的局限，将高职院校学生思想政治教育寓于学生的日常学习生活、校园文化环境、社会实践活动中，使其在隐性与不自觉中促成接纳与感悟、加强交流和互动、增进理解和认同、主动参与和践行。其次要创新路径：一是提高高职院校教师思想政治教育的感染力，如教师的真情传播、师生的情感共鸣、有效的艺术教育等；二是激发高职院校学生接受思想政治教育的自觉性，如提高其政治参与度及理论学习热情，增强其理论学习自觉性、参与实践活动的主动性等；三是统筹协调高职院校思想政治教育感染要素，如新媒体背景下的话语方式、自媒体的合理运用、多种现代载体的结合运用等；四是增强高职院校思想政治教育环境感染力，如营造和谐文明校园文化环境、充分发挥社会参与功能、注重家庭教育影响、联合社会形成合力等。总之，只有以理服人、以情感人，才能对学生产生感染力，使其真正发自内心地认同，立德树人的根本任务才能有效实现。

2. 主体教育法

目前，高职院校还存在着教育内容重视政治统一性、忽视个体针对性的问题，教育对象注重学生群体性、忽视学生个体性，教育方法注重教师灌输性、忽视学生主动性，教育范式注重教师规范性、忽视教师创造性，影响了高职院校学生思想政治教育的效果。因此，要在坚持高职院校学生思想政治教育本体性、价值性、实践性等原则的前提下，探索以高职院校学生为主体、可增强学生思想政治教育实效性的途径。首先是肩负立德树人使命，完善教育教学目标。教师决定着教学目标能否实现和"培养什么人、怎样培养人、为谁培养人"这一根本问题，这就要求教师必须转变思想观念，既要重视传授书本知识，更要注重启迪学生心灵，促进个体价值与社会价值相统一、目的价值与工具价值相统一的思想政治教育教学目标的实现。其次是注重师生双向互动共鸣，创新思想政治教育方法。

二、学生管理中的奖惩管理手段创新

（一）创新奖惩制度的理念

坚持依法治校与程序公正相结合。在奖惩制度改革过程中，高职院校要严格遵循民主、公开的程序，可采取调研、讨论等方式，广泛征求校内外法学专家、相关职能部门、各学生培养单位、学校法律事务办公室以及广大师生的意见，从而获得有效反馈；在制度修订过程中，还要注意以适当的方式反馈意见采纳情况，例如召开学生工作会议、对意见采纳做出说明等，保证师生的意见得到充分表达，合理诉求和合法利益得到充分体现。依据相关法律和章程的原则与要求修订完善管理制度。在制度修改完成后，线上线下同时公布，便于师生了解、查阅。要把修订过程化作春风化雨、润物无声的教育方式，力争使修改后的奖惩制度充分反映广大学生的意愿，以及共同的理念与价值认同。

坚持以生为本和准确适度相结合。在修订奖惩制度的过程中要更加突出以学生为中心，充分实现程序公正、过程公正与结果公正的有机统一，从系统性和全局性的角度对制度开展修订与完善，形成对制度立改废的规范工作流程。在制度制定阶段，要注重发扬民主，进行广泛审议，特别是要吸取学生代表的意见和对于奖惩大数据的实证分析，引导学生合理表达权益诉求；在制度执行阶段，要强调评奖评优的公平公正，注重评价内容的科学多样，细化违纪处理程序要求，对奖惩对象的具体情况进行详细深入的了解，确保准确性，引导学生形成对制度的认可；在制度反馈阶段，要完善学生权利救济机制，尊重和保护学生的人格尊严、基本权利，主动听取学生对制度的意见及建议，发挥学生的监督作用，并对制度运行过程中的经验和教训进行总结，从而使奖惩制度回归管理育人的本质。

（二）创新奖惩制度的机制

1. 动力机制

变化是创新永恒的动力。当一个组织面临环境的变化并认为其还足以应付时，它的创新愿望可能不会被有效激发；而只有当它意识到凭借现有的组织结构、制度或能力不足以应付变化的环境，感到有危机时，其创新愿望才可能被激发。我国高职院校学生奖惩制度运行几十年来，制度本身与发展现状出现了极大的冲突，依靠微调已经不能弥补其间的裂隙，高职院校学生奖惩制度尤其是学生违纪处理条例在管理实践中已经产生了危机感，必须进行根本性的变革，制度创新才可应运而生。

2. 决策机制

制度创新的具体实施在于基层，而创新决策取决于领导层。领导层的思维以及营造的环境气氛（或文化）对创新具有巨大影响力。创新需要时间，并且往往会引起一定程度的阻碍和抵制，因为创新不仅仅是简单地改变完成一件事情的方法，它更是行为方式和思维方式的深层次变化。既然行为模式不可能在一夜之间发生变化，那么就不可能通过命令来实现真正的创新。创新是一种思维模式，它是一种对现状经常持怀疑态度的习惯，它绝对不会想当然地把过去行得通的做法用于现在的情况。因此，高职院校学生奖惩制度的创新动力，一方面来自"现状"的压力，另一方面来自领导层不断探索和实验的习惯，以及由领导层的示范效应而带给所有人的敢于创新、乐于创新的气氛，并创造条件使人们调整因创新而发生的思维和行为方式。领导层的决策还在于对创新结果的选择。人们的创新结果可能很多，有的也许相互矛盾，在这些备选结果中哪些应保留、哪些应放弃，领导层必须做出决定。而一旦做出了决定，选择的创新结果进入了制度范畴，那么下面的基础组织就必须执行，尽管可能这种制度还存在某些不完善之处。

3. 反馈机制

创新结果是否适应现状和未来发展，必须经过实践的检验，考察其适应性和可行性。因此，创新的后期工作总是要回顾上一次的结果，反问哪些方面是成功的，哪些方面没有达到应有的效果；然后保留成功的方法，在上一次没有达到预期目标的地方尝试不同的思路和做法。高职院校学生奖惩制度创新实践必须通过反复的调研、比较，在许多预选方案中选择最适宜的方案，并且要不断反馈实施的信息，以验证方案的可行性。

4. 调整机制

制度创新不可能一蹴而就，它是在反复调整、不断修正中完善的。高职院校学生奖惩制度关系到学生的切身利益，每一项条款制定都必须慎重，要根据反馈结果体现的制度与现状的差距适时调整。

三、学生管理中的网络教育手段创新

（一）打造育人信息化校园

1. 以人为本的理念创新

高职院校学生服务的宗旨是贯彻以人为本的理念，从源头上重视高职学生管理信息化。当然，也可以使用过程激励以及目标管理的方法，既要给积极加入学生会等校园组织的学生更大的发展平台，也要给普通学生足够多的锻炼机会，最终的目标是让所有的学生都参与到信息化建设中来。在开展信息化建设时应加强系统动力学理论的应用，可以将学生管理信息化建设工作真正当作一个涉及实施单位的管理、技术、人员等各个方面，影响因素众多，关系复杂，体量大的复杂工程来看待，运用项目管理思维进行建设管理，坚持将学生管理信息化的过程当作一个具体项目来运作的主旨；对于信息管理资源的配置，要从管理系统的整体出发，注重大局，注意平衡。目前，我国高职院校全面贯彻全员育人、全过程育人、全方位育人的"三全育人"理念，在学生管理工作各个方面不断开创新局面。只有实现全维度育人，才能实现现有的学生工作管理能力整体最优化，学生管理工作的效率得到进一步的提高，同时对高职院校学生管理工作具有较大的指导意义，也能为社会培养出具有工匠精神的高职类蓝领人才。

2. 树立加强信息化平台建设的理念

高职院校中庞大而复杂的项目就是学生管理信息化建设，不仅涉及多个功能部门和前线人员，而且还消耗了很多人力、物质资源和财务资源。对于这种复杂的项目，功能部门不能独立工作并自己发展，必须有一个统一的基调和一致的速度。所以，这时候就需要院校领导及时站出来承担项目重任。领导人在学生管理信息项目中的作用是在项目实施前夕制订全面、科学合理的计划。这就需要院校领导人及时了解信息化的趋势，跟上时代发展的步伐，关注整体情况，准确判断时代浪潮的发展方向，并愿意耗费相关资源严格控制学院信息化建设规划与部署。要做到这点，就需要院校领导日常工作不能懈怠，他们必须能够积极和有意识地学习先进的信息化理论和概念，关注现实，将未来的发展与现状相结合，控制整体情况，期待未来，并制订全面的计划。与此同时，院系领导也应该深入基层进行调研，基于调查结果和学校信息化建设的真实情况，并结合信息发展的趋势制订信息化建设计划和确定长期目标。为了使计划顺利实施，高职院校可以在组织层面建立一个特殊的学校信息化管理组织。为了让每个成员都充分了解学校的目标和战略，高职院校在信息化建设过程中还可以成立负责整个校园信息化建设的领导小组，发挥信息化建设过程中的领导作用，让领导者的先进思想为学校的信息化建设服务。

3.学生认同信息化平台的应用

学校信息系统平台建设的不断加强，使学生不仅具有更大的自主权和学习的灵活性，而且学生的学习效率也得到了大大提高。如今，许多高职院校综合了一系列与学生密切相关的信息卡，如学生身份证、访问控制卡、餐卡和图书馆卡，实行校园一卡通制度，避免多种多样的卡片让学生的生活陷入混乱，也减少了遗失的风险，给学生提供了极大的便利。通过建立大量信息终端，大量信息内容逐渐融入了学生的传统学习。在某种程度上来说，学生也必须具有良好的信息素养，因为他们对于新鲜事物具有无限的探求欲，网络世界中的一些糟粕也乘机侵入学生的心灵，由于学生比较年轻、无法抵抗外界因素的干扰，给学生的身心发展带来不好的影响。因此，真正值得学生管理人员注意的是，学生对信息化产品的热情基本上取决于高职院校学生的心理和性格特征。所以高职院校仍然需要加强对学生信息素养的培养，对他们的不良上网习惯做必要的指导，提高对网络诱惑的免疫力，并确保信息化平台可以成为学生学习和生活工具的重要组成部分，且不会造成不良影响。

4.高职院校积极构建信息共享平台

当前我国高职院校开展的学生管理工作的复杂性在不断增强，而要充分发挥信息技术带来的各种优势，就必须充分强化信息共享平台的建设工作，使当前高职院校教育管理系统的各项资源得到整合，为开展学生管理工作提供有效的支持。需要注意的是，高职院校在构建信息共享平台过程中要做好信息筛选工作，选择有价值的教育管理信息并进行利用，从而提高信息资源的利用率，实现教育管理信息化水平的进一步提升。

5.积极强化学生教育管理的服务性质

信息时代的到来使得当前高职院校对学生教育管理的观念也在不断发生变化。尤其是随着近些年我国高等教育改革的持续推进，学生教育管理的服务性质正在不断强化。因此，在后续开展工作的过程中，必须积极强化信息技术的应用，充分利用当前发达的互联网技术开展教育管理工作，通过充分发挥信息技术在管理方面的优势，不断强化教育管理的服务性质，满足当前高职院校开展学生管理工作过程中的各项需求。同时，在开展信息化学生教育管理的过程中，为了进一步强化效果，要对教育管理的组织形式进行优化，使得管理效率得到进一步提升，从而为管理效果的提升奠定基础。

（二）构建信息化育人系统

1.依托学生管理平台强化手机移动端学生管理

高职院校数字校园中最重要的管理和服务信息系统是校园一卡通系统，其功能涉及食堂消费、图书馆借书、访问控制、医疗等，它可以在运营期间积累大量有效数据进行个人活动记录。校园卡已注册并与学生 ID 注册绑定，成为每个人的独家 ID 账户，并连接到移动电话，以服务学生的学习和生活。与此同时，通过了解校园卡的消费状态、互联网接入状态、学生资助现状以及学生的消费情况，可以实时分析评估贫困学生的实际生活状态，也可以建立针对贫困学生的评估模型，科学实现人性化的服务、资助。从网站可调取校园卡的使用相关数据，教师和学生可以真正体验到信息技术的优越性，并根据实际数据情况渗透相关的思政教育，巧妙地运用大数据支持学生管理工作，实现管理育人和服务育人的良好效果。

2.依托信息化平台完善校园心理咨询、宣泄平台

对高职院校学生而言，对其影响力最大的还是自己的辅导员，但仅仅凭日常的班级工作接触不能满足高职学生对辅导员老师寻求各个方面帮助的需求。在生活中，鱼龙混杂的价值观念对高职院校学生的影响不容小觑，再加上高职院校学生的特征，比如情绪变化大、性格活泼、情商比较高等一系列特性，会导致高职院校学生产生巨大的心理压力。因此，搭建一个辅导员与高职院校学生进行网络沟通交流的桥梁是非常有必要的。在校园局域网的安全保护下，通过校园官方网站链接辅导员特色辅导平台，辅导员特色辅导平台中的老师需要实名认证，提高辨识度，同时也给自己所带的学生提供一种安全可靠感。在发泄情绪或者在公共平台发表意见时，大部分高职院校学生更想隐藏自己的真实身份，以匿名的方式进行倾诉。因此，构建一个有效并且可控的校园学生情绪宣泄及心理疏导平台是非常必要的。对于奋战在学生管理工作一线的辅导员老师而言，又刚好可以利用这样的平台更好地开展学生管理工作，相辅相成。

3.依托学生管理制度促进信息化创新应用

以原有的学生管理制度和组织为基础，针对现行学生管理制度和组织中的不足和问题进行改进，是大部分高职院校加强信息化建设的主要措施。他们的具体

做法就是成立信息化工作领导小组或者委员会，设置信息主管职位，并在学校一把手的直接领导下具体负责校园信息化建设。在具体实施过程中，信息主管负责制定学校信息化政策和标准，建立一个交融互通的平台，然后对全校信息资源进行管理，协调校内各个职能部门和行政管理人员，让他们如一颗颗螺丝钉一般严丝合缝地嵌入学校信息化管理这个大平台中。同时，信息主管可以有意识地从管理的层面选择和使用信息技术，通过对筛选后的信息资源进行进一步筛选和挖掘以实现对数据的有效利用。信息化工作领导小组作为全校信息化建设的授权委托机构，既要让信息化办公室代表各自所属实体，也作为信息化校园的用户和服务对象，同时也是信息化校园的服务提供者，维持整个校园信息系统的运作。这些新颖的尝试在实践中取得了巨大的成功，值得借鉴。

（三）提高学生管理工作团队的信息素养

1.加强学生管理队伍的信息技术培训

高职院校所有员工，特别是领导干部和全兼职辅导员都必须有意识地积极学习（多渠道学习）信息技术，努力学习以不落后于学生掌握和应用信息新技术。同时有必要对信息管理和网络学生管理工作中的关键职位上的人员进行思想政治素养和信息管理安全素养培训。高职院校应成立一个致力于提升全体教师信息技术水平的团队，培训团队可以由该校的党委宣传部、学工部和计算机科学学院的相关技术人员组成，以提升高职院校学生管理团队的信息素养。还可以建立一个方便有效的学习和教育平台，其培训内容不仅包含信息化理论，还需要培养学员使用信息技术来筛选和收集学生相关数据和信息的实际运作能力，并努力提高受训者的实际应用能力，以帮助学员更好地利用信息技术实现"课程思政"和"网络管理"。在完成技能培训后应进行操作评估，以确保培训的有效性。

2.全面提高辅导员队伍的信息技术素质

专职辅导员是高职院校学生的管理者，同时也是思政教育的先锋，他们是与学生联系最多的人，也是学生最亲密的朋友。所以辅导员应提高他们的专业技能，指导学生树立正确的"三观"，并为学生提供正确的行为指导和选择建议。这就需要辅导员努力成为"四有辅导员教师"，同时辅导员自身还需要具备扎实的思想政治教育理论知识、心理学知识、教育学知识以及其他多方面的专业知识及技能。思政工作者要坚定理想信念、热爱教育事业，不忘初心，不辱立德树人使命，以高度的责任感完成教书育人、管理育人、服务育人、网络育人任务。在如今信息技术快速发展的大环境下，信息技术不断渗透到我们的生活、学习与工作中来，如何巧妙合理地运用信息技术载体进行思想政治教育工作，是每个教育工作者都需要提升和掌握的技能。

因此辅导员应不断加强信息技术能力，增强信息技术意识和素养，采用创新性的工作方式来开创学生管理工作的新局面。通过研究可知，基于信息的学生管理系统已不断升级，学生的重要信息已成为基本数据。因此，辅导员老师需要掌握大数据提取和分析技能，同时提高信息和数据收集能力。在信息时代，学生工作中需要大量的信息和数据的支撑，辅导员教师应主动加强对数据收集的认知，并尽可能多地收集和存储不同类型的数据进行分析。数据可通过多个渠道收集，如学生状态管理系统、学生微信、CRP 系统跟进消息记录、寻求校园心理咨询帮助、校园卡使用等，这些信息平台对数据的收集和分析有助于对高职院校学生的思想、行为、心理和学习的变化做一个科学判断。另外还可收集思政课程教学活动的数据，例如课堂形势、政策课程、课堂师生互动，特别是不同院系学生的数据。通过对这些数据的收集和对比分析，可以了解高职院校大部分学生学习中的主题偏好以及他们的学习状态。最后，将这些数据信息进行分类、排序、统计和分析，完成学生管理工作的数据分析及统筹。

3. 抓好队伍素质建设

任何事情都需要以人为本，从基础做起。如今，高职院校信息化建设具体实践中会出现各种问题，其中一个重要原因是学生管理团队正在发展，并不成熟且缺乏实践经验，并且在面临问题时无法在短时间内找到合适、妥善的解决办法。任何管理工作中最关键的因素都是人，人的素质涵养在很大程度上决定了管理工作的最终结果。现如今，高职院校信息化建设进一步发展迫切需要解决的问题是建立一支高质量、高效率的信息化学生管理工作团队，只有高质量、高效率的信息化学生管理工作队伍才能为学生管理信息化建设提供根本保障，顺利完成人才培养任务。这支高质量的信息化学生管理工作队伍不仅责任重大，而且要求比较严格，要想适应当今的信息化环境，他们不仅要有较深厚的学生管理理论知识，而且还需要拥有实际的高职院校学生管理工作经验和较熟练应用网络技术、软件开发技术的能力与水平。在学生管理工作信息化的新形势下，该团队还必须具备开拓和创新精神。不仅如此，人才素质建设的关键不仅在于建立高质量信息化学生管理工作团队，还要建立一套越来越完善的学生工作管理系统，与人才培训兼容。该系统规定了每个功能部门的职责，有利于发挥学校学生管理部门的宏观管理和决策功能，强化高层领导的统领作用，充分发挥学生管理人员的主观能动性。另外，有必要为学生管理人员建立一个科学合理的培训机制，根据专业技术人员信息化技术扎实、老员工学生管理信息化经验丰富、新员工群体庞大的特点，对人员的素质进行分层，以便各层次人群发挥其优点和特长。如使具有扎实计算机网络和软件基础的应用人才培训和指导使用信息化产品的新员工，使具有丰富学生管理工作经验的专业人才培训和指导前线新入职人员。这些新培训的学生管理人员已进入前两个层面来扩大他们的团队，并分担了团队中的老年员工的压力，从而形成良性循环以改善整体学生管理工作。提升了学生管理和信息管理组合的能力以及在线运营能力，确保了高职院校学生管理信息的基础性建设。

（四）加强学生管理信息载体软硬件资源建设

由于起步较晚、资金不足、建设人才不足等原因，相较于一些知名院校，许多高职院校在网络基础设施建设方面做得还不够完善，缺少校园管理软件和互联网教育平台，没有建立起牢固的网络教育阵地，从而难以开展行之有效的学生网络管理和教育工作。高职院校要加快推进校园网络建设，实现互联网信号的全方位覆盖，并与优质软件开发企业和互联网企业合作，共同开发功能全面的学生管理软件，打造数字化校园管理教育平台，实现各类管理信息的互通共享，扩大管理教育的工作范围，从而提升学生管理工作的效率和质量。

1. 增加多媒体管理软件、设备的投入

高职院校学生管理工作的开展不仅需要信息技术的支持，更加需要高级新技术和新媒体的及时更新和发展。因此，学校应加大信息技术、设备的投资力度，为设备提供支持，促进校园的信息化发展。高职院校学生管理工作信息化不单单是在现有的基础上增加了计算机量数，也不仅仅是添加多媒体设备或是管理信息系统等软件来提高学生管理人员的日常工作效率，更是从根本上加强高职院校学生管理信息化。通过增加多媒体数量实现了对普通实验教学的扩充，满足了学生真实情景再现和模拟的学习需求，培养和挖掘了学生的探索、创造潜能。学生管理软件、设备的投入，比如疫情防控期间运用的企业微信请假审批功能方便快捷，让学生管理工作者能够第一时间掌握学生所在的位置和去向。高职院校的学生信息化管理工作要想取得重大突破，就必须大力引进类似的管理软件，只有这样学生管理信息化建设才会不断突破。这样的软件实实在在地方便了学生，也方便了辅导员老师，学生和老师对这样的软件平台的认可度也比较高，老师和学生的沟通会更加密切，这样也拉近了师生关系。

2.规范系统管理，维护网络信息安全

高职院校学生管理流程是指学生管理活动中一系列相互联系行为的序列结构。首先对传统的管理理念、管理方法、管理手段及管理过程提出质疑，然后按照流程再造的步骤对其进行创新思考，由过去简单照搬其他类型学校的管理模式转变为将工作的重心放在学生身上，以全面服务学生、满足学生各级各类学习需求为管理的最高宗旨，建立新的管理模式，以求找到学生管理过程中的问题的更简单、更有效、更科学、更先进的解决办法。学生管理信息化建设正在飞速地发展，与此同时，相对应的网络安全也成了最大的问题。在设置信息系统安全等级保护这一项工程是巨大的、复杂的、耗时的。在具体实践过程中高职院校应从多方面加强信息安全，一是在学校的信息系统软硬件方面，既要按需购买硬件设备如网络防火墙、入侵检查系统等，也要在各信息系统的使用过程中设置严格的等级权限，给各个职能部门分配适合该部门的职能和权限要求的账号，避免各部门权限交叉重叠情况的出现；二是在信息化学生管理工作人员方面，要让各具有管理员权限的工作人员充分认识到自己身上的责任，提醒他们在日常的工作中注意保护好账号的安全，以防泄漏；三是要从安全保护制度方面下足功夫，在相关规章制度上重视信息安全保护工作，明确打击危害信息安全行为的态度，严厉处罚因为工作疏忽而造成信息泄露的内部人员和恶意入侵学校信息系统的外部人员，同时加大对私自盗用学校系统账户以牟取非法利益的学生的惩罚力度。集合这三点并同时用力，从各方面确保学生管理信息化的安全，严防信息泄露。

四、学生管理中的自我管理手段创新

（一）学校推动学生自我管理

学校因素中的师源性支持、培养理念、培养方式和校园氛围对自我管理有重要的影响，同时个人背景变量中的年级、专业、专业兴趣、任职情况、获奖情况等在自我管理上有显著性差异。结合高职大学生的特点，高职院校要合理地引导学生加强自我管理，对不同群体的学生分类管理，并营造良好的校园氛围。具体来讲应该从以下几个方面做起。

1.引导学生进行自我管理

（1）帮助学生全面客观地认知自我

全面客观地认知自我是自我管理的前提。只有全面客观地了解自己的兴趣、自己的优势和劣势、自己的价值所在，才能科学地给自己设定目标和任务。因此，高职院校可以通过班主任的管理、任课老师的教学过程中以及学生管理中的引导等途径帮助学生客观地认知自己。另外,认知自我的方式还包括通过自己的行为、社会的要求与他人的比较来推断自我。

(2)指导学生科学合理地规划自我

科学合理地规划自我可以使得高职大学生能够自觉地设定未来努力的目标方向和相应的行动计划。只有科学合理地规划自我才能使自己抓住目标而不迷失方向。高职院校在大一年级学生中开展的学业生涯规划大赛就是一种很好的自我规划方式,高职院校要求学生规划学业生涯,通过辅导员、班主任、团委干部等指导学生获得和增强自我规划的能力。

(3)提醒学生及时到位地协调自我

自我协调就是实现自己的身心和谐,协调好自己与他人、与社会、与环境的和谐关系。高职大学生只有在身心愉悦的环境中才能管理好自己的学业和生活。高职院校可以通过心理健康咨询、心理健康讲座等方式引导和帮助学生处理好在成长过程中遇到的困惑,同时可以通过社会实践活动来增强其了解社会、适应社会的能力。

(4)教会学生切实有效地激励自我

有效地激励自我是高职大学生保持自我管理动力的一种手段。自我激励才能有发自内心的动力,这种动力可以使得自己克服并战胜困难,增强自己学习的动力。高职院校可以通过开展各类竞赛活动引导学生积极参与、激发竞争意识,从而逐步达到自我激励的效果。

(5)监督学生自觉严格地控制自我

管理的四大职能是计划、组织、领导和控制,离开了控制就无所谓管理,由此可见控制在管理职能中的重要地位。同样,自我控制也是自我管理的重要前提,只有很好地自我控制才能使自我管理不偏离原来的轨道。高职大学生自控力通常较差,需要学校通过适当的方式增强学生的自我控制,这种控制是在外界引导下的自我控制。高职院校可以通过目标管理法来引导学生自我控制,把学生个人人生目标、学校的培养目标、家庭的期望目标和社会的要求目标结合起来,实施帮助、指导、引领、提醒、教会、监督等措施,以充分调动大学生自我管理的主观能动性。

2.分段管理高职学生

由于高职学生在校的三年中每年的情况都不一样,高职院校应以年级为阶段逐渐培养学生的自我管理能力。

一年级阶段，由于高职学生刚从高中走过来，此时的重点是熟悉学习、生活环境，构建周围人际关系。学校在此阶段的工作重点是提升学生的自立、自理能力，让学生明白大一阶段需要完成的目标，并对高职三年学习生涯有大致的学习规划，具体的方法是通过开办各类讲座，鼓励学生参与各种社团及活动，调整学生的思维方式、学习习惯、社交能力等，从角色上转变为高职学生。

二年级阶段，由于学生有了一年级的熟悉和调整，从行为和心理上已经具备了高职学生的自理、自立素质，高职院校应从专业知识上开始加强学生学习意识，并树立学生的职业观念。同时培养高职学生所应具备的职业操守和社会道德，教学生如何做人，如何将这些观念应用到以后的工作中去，从各方面严格要求自己，将自我管理能力落到实处。

三年级阶段，学生经过两年的学习，已经基本具备自我管理能力及所需掌握的专业知识，此阶段就要求学生做到学以致用。学校要鼓励学生接受社会考验，积极参加社会实践活动，将所学的知识在社会大环境中去纠正，通过社会的考验，纠正学生的错误思想，让学生学会自我管理、自我约束、自我保护。提高学生综合素质，提高竞争能力，学会合作，为毕业踏入社会做准备。

三年的高职学习生涯中，每一时期学生所处的阶段不一样，需要学校加以引导。同时学生根据自己的实际情况，加上社会、自身的努力，逐渐完善自我。高职院校积极引导大学生积极树立自我管理理念。

高职学生需要树立自我管理理念，因为这是学生成才以及以后迈入社会所需具备的基本能力。学校在培养学生的自我管理能力方面具有责无旁贷的责任与义务，学校在树立学生的自我管理理念方面途径比较多，不过首先需要学校在教学管理方面引起重视，才能将这种思想具体落实到各种活动中去，比如开展各种讲座、论坛等。只有学校首先重视才能具体实施起来，引导高职大学生学会自我管理的具体方法，逐步培养学生的自我管理能力。建立健全高职学生自我管理体系，是加强自我管理的保障。

3.营造良好的校园氛围

高职院校要培养学生的自我管理能力，使学生真正做到自我管理，首先就要创造良好的自我管理环境。学校要营造民主、团结、积极向上的校园文化氛围，并强化学生的责任感意识，使自我管理理念深入学生内心，使学生主动、自觉地进行校园管理和自我管理。

构建能促进学生发展的团队精神。在良好的校园文化氛围下，力求每一个群体都能朝学习型组织发展。在共同的目标下，进行团队合作和团队学习，将所有成员凝聚在一起，使团队成员都能自愿地为团队做贡献，这样不仅使成员意识到了自己的责任感，自身获得了全面的发展，还能强化成员的集体意识和团队精神，不仅发挥了群体的自我教育作用，还有利于学生自我教育能力的培养。

此外，高职院校还应与学生的家庭和社会环境相互整合，各方力量形成合力，建构更加宏大的社会文化环境，不断提高学生的自我管理能力，使学生成长为社会需要的栋梁人才。

（1）建立学生自我管理发展中心

调查结果显示，担任学生干部职务的高职学生自我管理能力高于不担任任何职务的学生，并且担任班长、团支书职务的高职大学生的自我管理能力最高。因此，高职院校可以通过建立大学生自我管理发展中心的方式，让学生在管理自己的学习事务、生活事务和其他社会事务中发挥其积极性和主动性。大学生自我管理发展中心可以通过组建大学生自我管理机构来开展活动，这些机构有党组织、团组织、学生会、班委会以及各种社团组织等。学校要重视学生的组织机构，要有专职老师指导和培训。

（2）加强高职院校校风学风建设

学校的校风建设反映了一个学校的整体精神风貌，体现了学校的办学传统和理念。校风是一种无形的力量，一经形成，便成为一种巨大的教育推力，并逐步演化为优良的传统，可以鞭策学生内化为积极进取的力量。学风是高职院校大学生学习、生活、纪律等多种综合风貌的集中表现。部分高职大学生学习目的不明确，学习积极性不高，学习态度不端正，处于被动的学习状态，平时抄抄作业，考试前搞突击甚至考试作弊等，这些都是不良学风的表现。所以高职院校要加强学风建设，通过竞赛、奖学金等激励手段引导学生学习，形成良好的学习风气。

（3）建立良好的师生关系

师源性支持对学生自我管理的影响较大，因此通过建立良好的师生关系能够促进学生自我管理。为此，高职教师要做到以下几方面：首先，要尊重能力的差异。高职大学生相比本科学生，学习基础较差，接受知识的能力较弱。因此，教学内容和方式要有针对性。其次，要尊重高职大学生合理的学习、工作及发展的需要，理解其能力和觉悟，尽力为学生提供展示能力的机会。最后，强化教师在教育过程中的正确引导作用，建立民主的师生关系，逐步引导学生树立自我认知、自我规划、自我协调、自我激励和自我控制的意识，使学生能在心理、学习、思想、行为方式和生活自理能力上逐步独立。

4.积极开展班集体活动

高职院校要培养学生的自我管理能力，使学生具备良好的自我管理能力，首先就需要在学生的日常生活和学习活动上下功夫。营造民主、团结、积极、上进的日常生活和学习活动，让学生自我管理理念深入学生心中，自觉加强自我管理。

在日常生活中，让学生正确的认识和悦纳自己，总结概括出自己的性格、爱好、特长，积极发挥自己的所长，逐渐培养学生的自信心，并概括出自己的自我管理类型，制定出针对自身的管理策略，给自己设定"底线"，制定自身日常行为规范，以实现自我管理和自我教育。在学习上，以培养学生的自学能力为途径，自学，是独立获得知识和技能，培养能力、锻炼品德的一种自觉地学习活动，并培养学生的创新能力，成为一名高职院校创客，将学生充足的且无计划的时间逐渐专业到正常、有序的日常生活和学习中来。

班集体活动是培养学生自我管理的最佳方式。通过学生自身组织以促进学生自我管理能力为目的的班集体活动，在共同的活动目标下，将所有学生都组织起来不仅培养了学生的团结精神，同时促进了学生的交流，促进了学生的自我教育，主要形式包括以下几种。

（1）健全班集体学生干部管理制度

班集体学生干部是班集体学生管理的重要力量，在辅导员的指导下，班级成员之间互相合作，进行学生事务的管理，开展多种形式的活动，不仅消除了入学新生迷茫不知做何事的困惑心理，而且培养了学生的自我管理能力。

班集体学生干部可以通过竞选的形式，以提升学生参与的积极性，不仅锻炼了学生的班集体管理能力，同时也凝聚了班集体的团结力量，提高了学生的自我管理能力。教师和学生之间由于年龄的原因，举办各种班集体活动时要多咨询学生，活动要贴近学生的喜好和实际，以满足学生的心理需求。

（2）搭建各类学生自我管理平台

各类学生组织及社团活动时培养学生加强自我管理的绝佳平台。学校所搭建的各种学生组织及社团活动多以培养学生的实践能力和喜好为目的，更是为了提升学生的自我管理能力。通过参加各类活动提高学生的自我设计、组织管理与协调能力，多鼓励学生积极踊跃参加各种社团和组织，凭借各种学生组织和社团活动，让学生有事可做，有事可筹划，从中获得成就感和自信心。通过活动的开展逐渐培养学生良好的品德，提升学生的领导组织能力，提高学生的分析综合能力。

（3）开展网络学生自我管理能力培养

通过以辅导员或管理者为负责人，以网络为平台，建立班级 QQ 群、班级微博等，将思想政治教育扩展到网络。建立网络虚拟社区，加强学生与教师之间的沟通交流，充分运用网络资源加强对学生自我管理能力的培养。

5. 提高管理者的管理水平

提高教师及管理者管理水平是提升学生自我管理能力的关键。高质量的教育才能培养出高质量的人才，所以适时构建、提升基于学生特点的高质量教师管理队伍及水平是提升学生自我管理能力的关键。孔子曰："其身正，不令而行；其身不正，虽令不从。"这就是告诉我们，作为传道、授业、解惑的教师，其自身必须端正，为学生做出表率，那么学生自然就会服从；如若教师自身不正，那么虽然三令五申，学生也不会服从。肩负"教师育人"使命的教师在教授别人之前需要提升自身素质与修养。"学高为师，身正为范"，教师在生活和学习等多方面要主动做好榜样，通过言传身教来感染学生、打动学生，学生在潜移默化中也具有了高尚的情操。

对于高职院校来说，辅导员岗位占据着举足轻重的地位，对辅导员经常培训以提升其能力，是每个高职院校所重视的一项工作。加强辅导员的工作素质与人格魅力，不仅可以拉近与学生之间的关系，易于学校开展各种工作，同时也可以逐渐提升学生的自我管理能力，让学生在辅导员的影响下学会学习、学会生活、学会自我管理、学会交往等。

学生的自我能力的发展，是一个长期的、多方面共同努力影响的结果。除学生自我作用外，家庭、学校和社会也在学生的自我能力发展中扮演着举足轻重的角色。这就要求我们不仅重视对学生内在学习动力的培养与引导，更需要思考学校、家庭和社会在培养学生自我管理能力方面的行为与影响。在正确引导和教育的同时，更需要站在学生的角度看待问题。教育的目的是培养学生具备自我学习的意识与能力，而高职大学生已经基本具备相应的自我管理能力，需要我们正确看待这群孩子，不能挫伤他们的主观能动性。在家庭、学校和社会三方面围绕学生自我管理能力培养问题时，坚持协调性原则，既要重视家庭教育、学校教育和社会教育，也要充分发挥学生个人自我管理的作用，促使大学生自身全面发展。

6. 培养学生的职业道德素养

在高职学生入学到毕业期间，学校应自始至终不断培养学生的职业素养和职业道德，促进学生的职业发展。在学生入学时做好学生的专业思想教育工作，使学生了解专业建设、行业发展状况、人才需求及就业情况等，巩固学生的专业思想，增强职业意识。开设职业生涯设计、职业道德与职业指导等课程，通过课程教学强化职业意识，对学生进行职业指导，帮助学生树立正确的职业观念，形成良好的职业道德。开展职业指导活动，邀请毕业生回校做报告，以他们的亲身体会和经历感染和教育学生，同时学校开展职业生涯设计和模拟面试求职大赛，组织有专业特长的学生进行社会义务服务活动。如电子专业的学生可以进行电器义务维修，锻炼职业技能，提高道德水平，加强服务意识。

此外，学校还应在平时的学习活动中培养学生的职业形象，在专业理论和实践课中培养学生的职业技能，在集体活动中培养学生的语言表达和沟通能力，在社团活动中培养学生的团队协作精神，使学生在这些活动中思考自己将来的职业发展，主动、自觉地进行自我管理，不断提高自己，成为合格的职业人。

7. 进行顶岗实习以提升能力

高职学生进行顶岗实习，自己的角色由学生转变为员工。在公司里不再有指导教师每天监督指导，这就需要学生自己主动采用自主性、研究性、创造性学习方法，将自己所学的知识和技能通过真正的实习工作进行锻炼和提高，掌握职业岗位必需的基本技能，弥补自身的不足，增强分析和解决问题的能力。在职业环境中全面了解自己的职业前景，体会自己是否适合这一职业，是否能够达到本职业的日常行为规范和职业技能要求，在职业环境中提高职业角色变化时所具备的整体素质，完善自我，挖掘潜能，从而增强对该职业的认同与热爱，形成正确的职业态度。

（二）社会支持学生自我管理

社会因素中的家庭支持感、社会支持感、自律价值观对高职大学生自我管理影响较大。同时个人背景变量中的地区、家庭来源地、家庭经济状况、家庭教养方式、父亲文化程度、母亲文化程度在自我管理上存在显著性差异。因此，社会层面（包括家庭）上提升高职大学生的自我管理能力要从以下几个方面做起。

1. 家庭内部

调查结果显示，父母文化程度越高的家庭，子女的自我管理能力越强。因此父母应该与时俱进，不断学习，更新教育观念，为子女树立良好的榜样，科学教育子女增强自我管理。

（1）家长要不断学习更新教育观念

高职大学生的家长应该更新教育观念，不要认为孩子上学了，一切都是学校的事情，自己就放手不管不问。由于高职学生成长过程中受到家庭环境和社会环境等诸多因素影响，很多人存在自我管理欠缺的问题，这种问题需要家庭与学校共同解决。因此，家庭应该与学校适度的沟通联系，共同引导学生进行自我管理。

（2）要为子女创造民主参与的家庭氛围

本节设置了家庭教养方式这个背景变量，有溺爱型、民主型、专制型、放任型和其他型五种。研究数据显示，在民主型家庭成长起来的高职学生自我管理能力最强，在溺爱型家庭环境中成长起来的孩子自我管理能力最弱。因此，家庭要为子女创造民主参与的家庭氛围。民主的家庭氛围可以让子女平等地对待家庭事务，有利于锻炼其自我管理能力。

（3）家长要为子女树立良好的榜样

身教重于言教，父母的言行举止会潜移默化地影响到子女的行为方式。因此，父母自己要学会自我管理，才能影响到子女的自我管理。父母在工作、家庭、社会生活中有计划、有目标地做事，教会子女自立、自理、自主做事，用自己的一言一行为子女树立榜样，培养和锻炼子女的自我管理能力。

2. 外部社会

社会实践大致可以分为两类：根据专业而选择的对口社会实践和创业实践。无论何种社会实践，都将有效地加强高职学生自我管理能力。

社会实践活动有利于缩短理想与现实的差距。由于学生自小便在校园成长，受社会现实因素的影响较小，各种想法因未经过现实的考验而站不住脚，自己所见、所想、所思都受到自身社会经验的限制而与现实有一段差距。进入高职院校后，高职院校的教育自身也受到现实因素的深刻影响，学生的思想还容易受到各种"天真"思想的影响，所形成的思想也有可能不被社会认可。社会实践活动是一种将学生思想与现实相衔接的最好途径，通过学校的各种社会实践活动有利于纠正学生的思想，与社会、现实挂钩，缩小理想与现实的差距。

社会实践是自我检查、自我控制能力提高的过程。社会实践是高职学生对理论知识的转化和拓展，可以提高其运用知识解决实际问题的能力。高职学生以课堂学习为主要知识接受方式，这对高职学生来说非常重要，但这些理论知识并不代表大学生的实际技能，往往难以直接运用于现实生活之中。社会实践使高职学生接近社会和自然，获得大量的感性认识和许多有价值的新知识，同时使他们能够把自己所学的理论知识与接触的实际现象进行对照、比较，把抽象的理论知识逐渐转化为认识和解决实际问题的能力。

社会实践为学生提供了独特的自我评价途径。社会实践活动将学生与现实世界相衔接，通过参与社会实践活动可直接提升学生的自我管理能力、专业技能水平并改变其思维方式。通过社会实践的开展可充分修正学生的核心价值观。在开展社会实践之前，学生会存在各种"离谱"观点及想法，经过社会实践的"纠正"，学生能够摆正思想，前期存在的比如浪费时间、不认真读书、消费大手大脚、"娇""骄"等问题，会通过社会实践活动得到纠正。同时可形成正确的自我评价意识，为人生的发展起到重要而关键的作用。

（三）学生实践学生自我管理

个体因素中的内外控人格、自尊感、成就感对自我管理有影响，同时个人背景变量中的性别、是否独生子女在自我管理方面存在显著性差异。自我管理的主体和客体是统一体。

高职学生要实践自我管理，其既是管理的主体，又是管理的客体。作为管理的主体，高职学生要能够自我认知、自我规划、自我协调、自我激励、自我控制。作为管理的客体，高职学生要管理好自己的学业发展、身心健康、社会活动和资源开发。前者是主观因素的自我管理，后者是客观因素的自我管理。

1. 主观因素的自我管理

主观因素的自我管理即高职学生是管理的主体，要充分发挥主体能动性，要全面客观地认识自我、科学合理地规划自我、及时到位地协调自我、切实有效地激励自我和自觉严格地控制自我。

（1）自我认知

自我认识是高职学生自我管理的前提和基础，是认识主体对自己的言行及特点的感觉和了解，即了解自己的性格特征、心理状况、学习生活状况、自身优势和劣势、成功和失败原因，包括自己所处的环境，能够扬长避短。高职学生要充分认识到通过学习获得技能一样可以成为对社会有用的人。

（2）自我规划

自我规划是自我管理过程中的重要组成部分，是对自己的未来进行有目的的筹划。高职学生要规划自己的学习、生活和其他事务，只有自我规划才能使其行为有目标、有组织、有效率。

（3）自我协调

自我协调是保证自我管理顺利进行的重要环节。高职学生要学会自我协调，通过协调来有效地整合资源，增加自己的综合能力。高职学生只有协调好自身和环境的关系，才能使得自己的发展跟上时代步伐。

（4）自我激励

自我激励是自我管理的推动力，是引导自我行为的重要一环。高职学生在学习、生活中经常遇到困难和挫折，而人的潜意识总是选择退缩，这时自我激励成为其避免退缩的最好办法。只有不断激励自我，才能使自己永远具有前进的动力。

（5）自我控制

自我控制是保障自我管理沿着自我规划的既定方向顺利前进的重要环节，是指能动地控制自己的情感，并通过自身检查把握目标实现的进度和质量，自行纠正偏差行为，从而使自己的思想和行为有利于目标的实现，有利于他人和社会。高职学生要学会自我控制，科学合理运用网络资源，建立良好的人脉网络，正确处理好学习与娱乐的关系。

（6）自我管理

自我管理是学生管理的关键力量，在教师的指导下，各级学生干部之间互相合作，管理学生事务，开展多项活动，为高职院校的学生管理工作增添了新的力量，减轻了学生管理工作人员的负担。每一个学生管理组织都有较完整的组织机构和规章制度。而各种学生管理组织，如学生会、班委会、团支部、社团组织等的学生干部的选拔和能力培养是该群体管理力量的关键。

2. 客观因素的自我管理

客观因素的自我管理即高职学生作为自我管理的客体，需要管理好自己当前的重要事务。学生的重要任务是学习，因此要管理好学业发展、身心健康、社会活动和资源开发。

（1）学业发展管理对策

管理学业是高职学生首要的任务，高职学生要管理好自己的学业并保持不断创新。高职学生在进入大学以后，首先，要学会制定目标，尤其是学会制定中长期目标。针对目标，需要先制定符合自身情况的目标，然后优化目标，去除不切实际的、次要的目标，不断地完善自身目标。其次，高职学生在自我目标的实现过程中需要对目标付诸实际行动，不断地坚持努力，适时地进行自我调整。最后，要学会排除周围环境的干扰因素，做到自我控制与约束。

（2）身心健康管理对策

高职学生在日常生活中要加强锻炼，积极参与体育活动，可以制订一个锻炼计划，如跑步、打球等，根据自身情况规定每天的锻炼时间与锻炼项目，然后按照计划坚持实施。在日常的饮食中注意饮食搭配，合理安排自己的进餐与休息时间，按时休息与进餐。

合理健康的饮食、休息习惯有利于高职学生精神饱满地投入学习中。另外，高职学生在校期间会遇到学习、生活、交际、情感等方面的问题，毕业后面临着竞争激烈的就业环境，这就需要其学会自我调整，积极地参与学校心理方面的活动，比如心理健康讲座等，更多地了解心理方面的知识，对自身心理健康的发展会有很大的帮助。遇到自己不能解决的心理问题可以咨询老师，老师的帮助有利于学生减轻心理压力，不会有很沉重的心理负担。

（3）社会活动管理对策

高职学生应该增进对社会的了解，通过勤工助学、社区服务、志愿服务等形式的社会实践活动真正了解社会。在寒暑假期间，可以利用家人、朋友等身边的社会资源进入企业进行社会实践，锻炼自己的社会实践能力和人际沟通能力。

（4）资源开发管理对策

高职学生面对学校以及自身的各项资源要合理加以开发利用。在课余时间要制订时间安排表，合理分配自己的学习、生活和其他事务。对于外界干扰因素如游戏、休闲娱乐活动，要做到适度体验。只有合理有效地利用时间，才有利于高职学生文化素质的提高，同时有利于高职学生获得更多的技能证书和获取更多课本外的知识，最终有利于提升自身通用能力和专业能力。

第五章　高职学生校风管理工作机制的创新发展

随着我国新课程标准的不断发展,我国高职院校的教学也在进一步发展完善。高职院校校风与教风建设是高职院校发展面临的重要任务。校风建设与教风建设作为高职院校发展的重要组成部分,不仅与教学水平和教学质量息息相关,还是学校教学理念和办学方针的重要体现。本章分为高职校风管理的创新、高职教风管理的创新两部分,主要有高职校风概述、高职院校校风管理、高职教风概述、高职教风管理中存在的问题等内容。

第一节　高职校风管理的创新

一、高职校风概述

高职校风是指高职院校在长期的发展过程中,经过管理和进行各项教育教学活动之后所体现出的全体师生员工较稳定的、共同的精神风貌和行为风尚,是一所高职院校的整体风气。高职院校校风由管理作风、教风和学风(简称"三风")三个方面组成,是三者的集中反映。优良的校风能够潜移默化地影响高职院校师生员工的行为和思想,同样,高职院校内每一个部门、每一个人所表现出的良好作风也能促进优良校风的形成,二者是相辅相成的。

(一)校风的内涵

学校是一个群体,群体成员间必然会相互作用、相互影响从而形成群体心理,如群体利益、群体需要、群体规范、群体价值、群体目标等。群体心理不是群体内个体心理特征的简单相加,而是每个成员心理特征的综合和概括,是成员间不断相互作用的结果,在学校中具体表现为一个学校的社会气氛,即校风。综合各种研究资料,多数学者认为校风是在共同目标和共同认识的基础上,学校全体师生员工在长期的学习、工作和生活中经过集体努力所形成的一种稳定、共同的心理倾向和行为风尚。

校园文化建设以校训为统帅，它是一所学校所特有的占主导地位的行为习惯和群体风尚，体现为一种独特的心理环境，稳定而具有导向性。辩证唯物主义和社会心理学告诉我们：人的一切活动，无论是心理活动还是行为活动，都是由一定的环境条件，即环绕人并作用于人的一切客观现实所激发，其活动过程受环境条件的制约。当然，活动也反作用于环境，改变着环境条件。环境对人的活动的激发作用主要是通过客观现实对人的心理的影响以至对行为的影响而实现的。也就是说，当客观环境中的各种因素对人的心理造成一定影响时，才能对人的活动有所作用，成为有主观意义的因素。这种对人的心理产生影响的环境因素逐渐在人们的心理上转化为某种观念，那么，这种以观念形式存在于人们心理上的环境，我们称之为"心理环境"。

校风就体现为这样一种特定的心理环境。从其心理机制上来看，校风是在"标准化"倾向基础上的模仿、暗示、顺从、同化，即在领导、教师、学生等不同小群体的内部和彼此之间的相互作用下形成的彼此接近、趋同的心理；并且这种心理气氛一旦成为影响整个群体生活的规范力量，它就具有心理制约作用。它依靠群体规范、舆论、内聚力等无形的巨大力量来影响和约束群体及其成员的行为，是群体大多数成员的思想观念、意志情感、言论行动和精神状态的一种共同倾向持久地发生作用的结果。简单来说，校风就是一个学校各种风气的总和，是学校在办学过程中长期积淀而成的具有行为和道德意义的风气，是在校内乃至社会上具有极大影响力并被普遍认可的思想和行为风尚，是学校办学指导思想和培养目标的集中体现，是培育优良学风、教风的根本保证。

（二）校风的外延

校风就是学校的风气，作为观念形态，其属于上层建筑的范畴。它是学校的一种集体行为风尚，是一种无形的环境因素，同时也是一种巨大的教育力量，在教育过程中发挥着特殊作用，是任何规章制度和任何管理机构所不能替代的。它无形地支配着集体成员的行为和集体生活，通过集体成员的荣誉感、自豪感、责任感、归属感、认同感、支持感和对集体的尊重发挥作用。

校风是校训的拓宽、延伸和具体化，是由学校领导的工作作风、教师的教风和学生的学风以及学校积淀的传统文化精神等所形成的风气和氛围。它是校园精神文化的主体，集中体现了学校的办学理念、育人方针、学术追求和办学特色，是学校品位和格调的重要标志之一。它能全面地反映出一个学校的精神面貌和办学水平。校风建设既是办好学校的重大实际问题，又是一个值得认真研究和探讨的教育理论问题。校风有积极与消极之分。积极的校风能使学生不断增强自觉性，更加勤奋地学习，取得好成绩；消极的校风则容易使学生学习涣散、秩序混乱，导致各种教育问题。每个学校都应该建立起优良的校风并显示出自身的特色。高职院校对校风建设要常抓不懈，明确育人目标，提高学生综合素质，才能培养出能够探索真理、崇尚科学、奋发向上、勇于创新的新世纪人才。

领导作风是形成校风的关键，优良的校风往往是学校领导的性格和优良作风的体现和发展。作风正派、团结协作、积极向上的领导班子会在学校教师中产生连锁效应，教师群体通过接受暗示、模仿等方式自觉或不自觉地使自己的言行与领导渐渐相仿，领导的工作作风会自觉或不自觉地影响到校内的正式和非正式群体，最后全体统一到学校校风建设上来。

校风是校园精神文化的主体，需要下苦功夫慢慢地培育。要根据国家教育的方针政策和人才培养的要求，明确校风建设方向，并将其作为日常工作的重要内容渗透在学校工作的方方面面。要充分调动一切积极因素，利用会议、讲座、广播、录像、课堂教学等多种形式，开展理想信念、人生观、价值观、革命传统、民主法治等教育，加强教风学风建设，从各个方面不断地熏陶、强化，进而形成一种日趋稳定的浓厚的优良校风。

二、高职校风管理

（一）高职校风管理的内容

1. 管理作风

管理作风是指高职院校的各级管理人员在进行管理工作的过程中，所表现出的思想作风和工作作风等方面的风范。高职院校管理作风优良，能够为高职院校创设科学有效的管理环境，能够引导优良教风和学风的形成，能够对高职院校各项工作起到引导和示范的作用。保证管理作风优良，就必须进行管理作风建设，加强对高职院校领导干部、管理工作者以及后勤工作人员思想意识上、工作态度上以及生活作风上的正确引导和熏陶，营造风清气正的管理环境和氛围。为了加强管理作风建设，高职院校各级行政管理部门要在党政领导班子的带领下，始终牢记自己的职责和使命，树立正确的价值观和权利观，在思想上、工作中和生活作风上严格要求自己，通过自身良好的政德以及领导能力得到师生员工的支持与信任。

2.管理教风

教风作为校风合力建设系统中的一个构成要素，具体是指高职院校所有参与教育教学的教育工作者在授课、科研等方面所表现出的职业道德和行为风范。教风有好的一方面，也有不良的一方面，要想使教师在教育教学过程中形成优良的教风就必须加强教风管理，其中最主要的是加强师德师风的建设。师德师风建设不仅有利于教师自身素质的提升，而且对整个教育事业发展也有着极其重要的作用。

加强教风管理，教师自身建设是关键。教师要把师德放在首位，把敬业精神、育人意识以及良好的道德情操贯穿于教学过程的始终，要始终牢记教书育人的责任和对学生的示范作用。同时，教师要树立终身学习的思想，提高自身对新知识、新技能的学习积极性，要遵守学术规范，以良好的学术道德为学生做榜样。教风管理不仅需要教师职业道德、教学水平上的自我提升，还需要高职院校加大对教师队伍的建设力度。一方面要用规范的规章制度来约束和监督教师的行为，不断提升教师各方面的能力和水平；另一方面还要给予教师关怀与关爱，在生活和工作中多体谅教师的辛苦与不易，在物质上、精神上给予支持，使教师以更加饱满的热情和更加踏实的工作作风投入社会主义教育事业中。

3.管理学风

学风，是学生集体或个人在学习过程中表现出来的态度和行为。学风是学生学习态度、学习纪律、学习兴趣、学习能力的外在反映，对学校校风和人才培养质量起着重要的影响作用。一所高职院校的学风是经过全校师生员工共同努力、逐步探索，经过长期有意识地培养而形成的。学风的好坏反映一所高职院校的整体学习和学术氛围，是反映校风好坏的重要指标。在校风合力建设过程中加强学风建设是十分必要的。高职院校的根本任务是将学生培养成全面发展的、对社会有用的、德才兼备的合格人才，高职院校各项工作都应以这项根本任务为出发点。因此，校风建设也应该围绕一切为了学生成长成才的观念来建设，校风建设的最终成效要反映到学风上。如果没有良好的学风，学校就失去了办学的真正意义。

加强学风建设，一方面，要使学生在老师的带领下提高对学习的热情，端正学习态度，在课堂上认真听课，课后积极与老师进行沟通探讨。另一方面，要培养学生学习的自觉性和自学能力，使学生树立正确的学习意识，积极发挥自身的价值和优势，踏实努力地完成学业，追求更高的目标。此外，高职院校要采取多种方式大力弘扬优良学风，把软约束和硬措施结合起来，营造互学互鉴、积极向上的学习风气和学术生态，提升学生学习的热情和主动性。

（二）高职校风管理的基本要求

1."三风"建设目标的一致性

"三风"建设保持总体目标的一致性，是校风合力建设系统有效运行的必要条件。根据合力的概念，我们认为管理作风、教风、学风相互联系、相互作用所共同创造出来的合力，就是高职院校校风合力。管理作风、教风、学风相对于校风合力来说就是分力，当三者的方向一致时，产生的合力最大；当三者的方向不一致时，合力就会因为相互抵消而产生很小的合力或是没有产生合力。如果管理作风、教风和学风没有目标、没有方向地盲目建设，或是仅仅围绕各自的小目标建设，就不可能达到校风合力的效果，甚至在各自的建设过程中彼此产生冲突，导致合力的作用相互抵消。因此，"三风"建设必须保证总体目标的一致性，通过各自分力目标的实现来共同进行合力建设，使校风合力的效果最大化、最优化，最终实现高职院校校风合力建设的总体目标。

2."三风"建设责任的明确性

明确"三风"建设在校风合力建设中的责任，是保证系统有效运行的重要条件。以管理作风建设为主导。管理作风建设在校风合力建设中居于主导地位，起组织、传递、协调各要素的作用，调控整个合力建设的过程，引导校风合力建设沿着主流方向发展。具体表现为管理作风建设对教风管理和学风建设的指引作用、协调作用，管理作风优良，高职院校就会形成一种风清气正的氛围，教风管理、学风建设也会围绕着这样一种精神而开展。以教风管理为核心。教风管理在校风合力建设系统中居于核心地位，一方面体现为教风管理对学风建设的影响和带动作用。教师教风的好坏能够直接影响学生世界观、人生观、价值观、学习观的形成，教师的工作、学习态度端正、道德品质优良，能够对学生起到榜样作用，带动学风建设。另一方面体现为良好的教风能对管理作风建设起促进作用。

（三）高职校风管理存在的问题

1.多数学校对校风管理不够重视

校风一旦形成，将成为影响学校发展的精神力量。良好的校风是一个学校德育环境的核心，对学生能起到潜移默化的作用。优良的校风是一种潜在的教育力量和无形的精神力量，是一所学校在教学过程中所形成的文化氛围，是师生员工言行举止的准绳和拼搏奋斗的精神支柱，它对学生的培养和成长起着极为重要的潜移默化的熏陶作用。而校风建设是靠坚持不懈、一点一滴努力培育起来的，如果不采取常态化的具体措施，良好风气往往会逐渐淡薄，乃至于消失。特别是作为学校绝大多数成员的学生是流动的，老生毕业离校，新生入学报到，这就需要给校风注入新的内容，不断赋予它新的时代风貌，常抓常新，使优良的校风、学风、传统在学生中届届相传。伟大的人民教育家陶行知先生说："熏陶和督促两种力量比较起来，尤其是熏陶最为重要。"优良的校风是慢慢培养和形成的，是"日积月累""耳濡目染""潜移默化"的结果，不可能是短期行为，也不能一蹴而就。

2. 不能正确区分校风建设和学校规章制度

一所学校如果具有井然的教学秩序，团结、紧张、严肃的工作和生活作风，优美整洁的校园环境，文明礼貌的道德风尚，尊师爱生的良好风气，以及认真、严谨、刻苦的学习风气，对学生的成长进步无疑有着很大的促进作用。而这种作用是规章制度所不能比拟的。虽然优良的校风有着强大的约束力、感召力，但不能把校风建设等同于学校规章制度。如一所学校校园整齐、清洁干净，大家身处其中，即使有乱扔纸屑、随地吐痰等不良习惯的人也自然会受到环境美的无形约束而自觉地维护，但这不是制度的约束。

三、高职校风管理创新

（一）高职校风管理创新的基本原则

①综合治理原则。教育是一个系统工程，涉及学校、家庭、社区和社会各个层面，要整体考虑，综合治理，齐抓共管，形成合力，积极争取学生家长、社区及全社会的密切配合。就学校内部而言，党、政、工、团、学等各个方面，政工、教学、科研、后勤等各个部门都应该积极参与和配合校风建设。

②示范性原则。学校要积极发挥先进典型的榜样示范和辐射作用以带动和影响良好校风的形成。要把领导的带头作用、教师的骨干作用、优秀学生的表率作用充分地呈现出来，汇成风范，形成校风。

③自觉性原则。校风是一种行为习惯，要强调培养训练，使良好校风成为群体的心理需要。通过教育教学实践活动，把群体意识和群体精神逐渐转化为自觉的行动，从而形成风气。

④渗透性原则。校风建设要通过各种渠道渗透到管理、教学、科研等各个环节中，把校风建设的各项活动渗透到学校的具体教育教学工作中去。

⑤持续性原则。校风建设是事关学校发展全局的重要工作，是一项长期任务。要坚持"以点带面，整体推进"的工作思路，常抓不懈，持之以恒。

（二）高职校风管理创新的具体措施

1.要严格校规校纪，加强常规管理

要加强对教育法律法规、校纪校规的学习，使学生有所为、有所不为，规范自己的行为，加强自律、防患于未然。将校风建设贯穿于学校工作的方方面面，坚持从小事做起、从每天做起、从每名学生做起的原则，将学生每日的思想表现、行为习惯、学习活动等进行全程、全员性评价，通过日评价、周小结、月汇总记入《学生成长优化记录》，让《学生成长优化记录》伴随学生健康快乐地成长。

2.加强思想道德建设，以德育为首

注重树立学生正确的世界观、人生观、价值观，深化师生对德育工作的认识。亚里士多德（Aristotle）说："人类最终的价值在于觉醒和思考的能力，而不是在于生存。"为唤醒人类最宝贵的道德的力量，先贤们从来都没有停歇过。格奥尔格·威廉·弗里德里希·黑格尔（Georg Wilhelm Friedrich Hegel）说："人是靠精神站立起来的动物。"阿尔伯特·爱因斯坦（Albert Einstein）说："仅凭知识与技术并不能给人类的生活带来幸福和尊严，人类完全有理由把高尚的道德标准和价值观的倡导者、力行者置于客观真理的发现者之上。"

3.通过丰富多彩的课余活动育人

丰富多彩的课余生活不仅能增加学生的生活情趣、扩大审美视野，还能锻炼他们的组织能力与社会交往能力，适应"内塑良好素质，外树良好形象"的素质要求。在学校，每一个学生都是珍贵的存在，都是一个个充满希望和梦想的生命。教师要用爱去浇灌、用真情去感化、用智慧去启迪、用人格去熏陶、用理想去塑造个性千差万别的孩子们，挖掘其潜能，发挥其特长，引知识之泉，叩心灵之门，启智慧之锁。学校必须坚持做人与成才并重、智商与情商并重、知识与能力并重的原则，全面提高学生的基本素质，为学生的可持续发展负责，为学生的终身发展负责。

4.加强舆论力量的有力配合

舆论是风气的导向，优良校风和良好习惯的形成离不开舆论力量的有力配合。

营造一种明辨是非曲直、区分好坏的浓厚氛围，可以让大家确立榜样、跟进行动。言说榜样，让榜样言说，榜样的力量是无穷的，有了榜样既可以少走弯路、学会跟进，逐渐成为多数人的行动目标和行动指南，让学生加强学习、提升素质，轻松学习、快乐收获，让每位教师以教书为职责、以育人为目标，以宽广的视野和博大的胸怀为整个社会的进步和发展贡献自己的智慧。

5.明确校风管理的目标和意识

在高职院校校风管理系统中，既要实现各分力的小目标，又要以实现管理的总体目标为前提，使众多分力围绕着一个总体目标进行管理。目前，各部门、各主体对校风管理的总体目标认识还不够，师生员工校风管理的意识较薄弱，导致校风管理目标的一致性不强。因此，必须明确校风管理的目标和意识，使校风管理工作沿着正确的方向顺利开展。

（1）加强对校风管理总体目标的认识

新时代，高职院校校风管理的总体目标是使高职院校成为作风优良、教风纯正、学风浓厚、安定团结的模范之地。管理活动以总体目标为导向，且始终围绕实现总体目标而进行。要加强对校风管理总体目标的认识，提高对总体目标的重视程度，保证校风管理朝着总体目标不断发展。一方面，要营造良好的舆论氛围，多渠道大力宣传校风管理的重要意义，让全体师生员工认识、理解和支持校风管理总体目标，将总体目标的内容铭记于心，并且始终围绕着总体目标进行管理。另一方面，要厘清分力目标和总体目标的关系。总体目标是整个管理中最重要的部分，它对"三风"管理提出具体要求，是整个校风管理系统的导向。

（2）增强全校师生员工的校风管理意识

意识是行动的先导，增强师生员工校风管理的意识，能够使各主体围绕着同一目标、向着同一方向协同前进，对强化校风管理目标的一致性有着重要的牵引作用。增强师生员工校风管理的意识，需要营造良好的校园文化氛围，使大家在优良的风气熏陶下潜移默化地形成向心力和凝聚力，共同向着总体目标而努力。

6.合理分配校风管理各部门职责

校风管理是在高职院校领导班子的带领下，将各构成要素协调地统一在一起的系统性管理。校风管理涉及部门和环节较多，如果缺少合理的职责分配，既影响管理的效果，还影响校园内的人际关系，最终影响优良校风的形成。因此，既要合理分配领导班子内部各成员的职责，还要合理分配"三风"管理的职责。

（1）合理分配领导班子内部各成员的职责

高职院校领导班子是指导和带动校风管理工作的重要引导者和决策者，他们对校风管理的态度和行动直接关系到管理的成效。领导班子对校风管理重视，能够推动全校师生员工齐心协力、步调一致地开展校风管理工作。在具体的工作中，领导班子既要团结一致地进行管理，还要明确内部各成员的具体职责。

（2）合理分配"三风"管理的职责

"三风"管理在校风管理系统中具有十分重要的作用，缺少任何一个部分，校风管理都无法有效进行。在校风管理过程中，既要明确"三风"管理的具体任务，又要明确"三风"管理的主要负责部门，使各部门合理有效地进行"三风"管理，从而实现校风管理的总目标。

7.完善校风管理保障制度

高职院校应制定长远的具体规划，将校风管理作为一个系统工程纳入学校总体发展规划中。要有目标、有组织、有计划地开展校风管理，还要健全制度、构建组织机构来增强校风管理的实际效果。

（1）制定校风管理的管理制度

校风的作用实际上是一种理念上、思想意识上的管理和希望，要想真正使校风发挥作用，不仅要有思想意识上的一致性、目标方向的明确性，还要将校风所倡导的价值观转化为实际的制度，用制度化的形式固定下来。首先，要确立以人为本的校风管理制度指导思想。校风管理以创造良好的人文氛围和环境为主题，因此，校风管理制度要体现"以人为本"的教育理念。其次，要建立规范化、科学化的校风管理制度。校风管理制度的内容要具体，还要以文字的形式固定下来，形成指导性的文件，要求全校师生员工认真贯彻执行。最后，高职院校要进一步修订各项规章制度，使每一项工作都能按制度、按规则开展，也为校风管理提供制度保证。同时，各高职院校还要借鉴其他学校好的、成熟的经验，结合本校的特点制定符合本校校风管理实际的制度。

（2）构建校风管理的组织机构

设立校风管理的组织机构是为了调动与发挥全校师生员工的协作性、创造性和积极性，通过规范的关系把他们连接起来，使他们参与到校风管理过程中。目前，在部分高职院校内部，各部门出现各自为政和工作频繁重复的现象，最主要的原因在于缺少健全的校风管理组织机构。因此，构建一个专门负责校风管理的组织机构是十分必要的。

8.加强学生社团的运作管理

（1）成立项目化社团

高职院校校风管理中，学生社团的运作可以采取项目化运作机制，展现学生的才华，提高学生的素养，给高职院校校风管理带来正面影响。因此，各高职院校要大力支持学生社团项目化运作，为学生社团提供项目化运作支持，帮助社团宣传，鼓励学生参加社团活动，鼓励社团举办活动，并支持社团的冒险精神，接受活动中可能出现失败的结果。各高职院校可以加派教师帮助学生建立项目化运作社团，为学生提供合理的意见，帮助学生运行项目化社团，并将高职院校的校风融入其中。同时监督学生的项目化社团运作，进而及时发现社团在运行中存在的问题，指导学生改进、处理，避免发生意外情况、造成不良影响。

（2）树立社团品牌

学生社团代表一个学校的特色和风格，融入了高职院校的校风学风精神。因此各高职院校必须促进学生社团品牌化运作，从而使学生社团具有长效性，才能开始学生社团活动品牌化运作。在学生社团品牌化运作的过程中，社团管理人员需要先确定社团的发展方向，明白社团存在的意义和根本目标，且创立的社团需要有独具特色的社团理念。学生社团内部成员具有较大的流动性，社团内部管理较松散，需要社团管理人员确定社团活动方向，独具自身特色，善于利用社团资源开展社团活动，并树立社团活动品牌。

（3）增加社团经费来源

目前，学生社团的经费来源一般可以分为以下三种：第一种来源是通过收社团费的方式，让社团成员缴纳材料费、活动费等费用；第二种是赞助费，即通过参加商业性质活动来获取赞助费用；第三种是校团委拨款，学校会给予每一个社团一定的活动经费。在高职院校学风校风建设过程中，学生社团的运作需要增加社团经费来源，减少社团成员对社团会费的缴纳。基于国内对高职院校社团的研究，发现社团具有社会服务、信息传递等特点，因此，增加社团经费来源可以增加经营、活动性收入。

9.家庭、学校和社会协同努力

学生的健康成长离不开家庭、学校、社会三位一体的教育。校风正学风才能正，经过近几年校风建设的教育和实践，教师和学生共同享受了良好学风所带来的"红利"。点滴微光，可成星海；聚沙成塔，厚积薄发。优良的校风需要长期积淀而成，学校应在现有成绩的基础上继续探索和深挖更有效的方式方法，让学生变成更好的自己，促进校风的不断发展。学校通过致家长的一封信、家长会、家访等途径定期与家长联系，进行详细的家庭教育指导。

10. 正确学习新职业教育法

新修订的《中华人民共和国职业教育法》从 2022 年 5 月 1 日开始实施，为深化我国职业教育改革、推进高质量发展带来深远的影响，开启了新的篇章。新《中华人民共和国职业教育法》结合宏观与微观，既有职业教育办学的体制机制、定位与资质、实施与保障等法律条文，又有具体的规范等，体现了法律的概括性、普遍性和严谨性等特点，也体现了法律实施的适应性。本次修订的突出变化是，在总结我国职业教育改革实践成功经验的基础上增加了许多新的内容，其中在第四章"职业学校和职业培训机构"中增加了"职业学校应当加强校风学风、师德师风建设，营造良好学习环境，保证教育教学质量"的条文。具体到教学实施与保证质量层面，对校风学风、师德师风和学习环境以及教学质量做出了法律规定，是新《中华人民共和国职业教育法》的特色和创新之处。这顺应了当前职业教育改革发展从最初外部条件改善到内涵建设、再到高质量发展的必然趋势，也触及了职业教育办学的关键问题，将近些年来各地优化学习环境、保障教育教学的成功经验和理论成果凝练成规范，从法律层面赋予了职业教育应担负的使命和责任，为职业教育发展保驾护航。这体现了国家对职业教育的深切期待，也是对当今职业教育改革发展在理念上的引领。

11. 探索校风管理新途径

校风管理的开展需要一个健全的机制、完善的制度来保障。学校要进一步建立健全工作机制，完善岗位职责，明确分工，任务到人。应成立以校长、书记为组长的校风建设领导小组，从副校长到各环节部门主任、年级组长、班主任、任课教师都要参与进来，分阶段、分层次开展校风管理。在实施过程中及时总结经验，发现问题后及时改进。要借鉴国内外相关学校的成熟经验，结合本校实际大力探索校风管理新途径。

12. 继承学校优良传统

加强校风建设首先要创造舆论氛围，多途径、多角度宣传校风建设，让每一个教师和学生都了解校风建设的重大意义、核心内容和具体要求。优良校风的形成离不开舆论导向。通过舆论引导加强全体成员的认知，使其自觉遵守规章制度、行为准则，提升学校品位。

通过校史展览、校友返校报告、校庆纪念活动，并充分利用板报、学习园地、校园广播、网络等宣传阵地，加大对学校良好校风、教风、学风的宣传力度。通过激励各年级、班级出主题板报、专刊，广播站定时播送宣传稿件等形式增强师生对学校校风的自豪感和认同感，校风建设需要全体师生常抓不懈、共同努力。优良的校风是学校全体人员言行举止的具体体现，针对流动学生、大三老生、大一新生更应该加强符合时代特色的校风建设，体现优良的传统，常抓不懈，代代相传。在校风建设方面有许多好传统，学校要进一步挖掘优良传统，精心提炼，适当创新。学校应当遵循历史唯物主义的观点，不脱离自己本身的特点、特色，不盲目地照搬别的院校的经验，也不把经过多年形成的好的管理方法抛弃。"继承"是为了创新而"继承"，"创新"也是在原有成功经验基础上的"创新"。

13.加大校园文化建设力度

校园环境能够具体体现学校校风、教风、学风和办学宗旨。虽然它不像教学、管理及其他思想政治工作那样表现为直接的德育、智育、体育、美育，但它对学生良好道德习惯的养成具有重要的示范、感染、熏陶作用。优美的校园环境对学生的教育功能在于增强其自我约束能力和保护环境的意识，可以说校园环境与校风建设有密不可分的关系。校园环境建设是学校校园文化建设的重要组成部分，是学校的一项基本建设工程，校园环境能孕育良好校风、教风、学风。校园文化建设对良好校风的形成与发展来说是一个不可或缺的环境条件。

（1）准确定位校园文化建设

高职院校校园文化是我国社会主义先进文化的重要组成部分。当今时代，一个民族的凝聚力和创造力，越来越依靠文化这个重要源泉，文化也越来越成为国家综合国力竞争的要素。校园文化分为广义和狭义两种。广义上的校园文化，是物质、精神两种文化的总和；狭义上的校园文化，则是指课外文化活动。不管广义还是狭义，对校园文化要准确定位。

（2）立体开展校园文化活动

立体开展校园文化活动应该属于广义校园文化的范畴。高职院校要注重校园的总体设计，要在社会主义核心价值观的视角下开展。如校园建筑物的设计要最大限度体现核心价值，体现学校办学特色。具体到狭义的校园文化领域，丰富多彩的课外文化活动中，特别要注重社会主义核心价值观的融入，帮助学生在课外文化活动中获益，并自觉形成良好的文化品格。提高学生的参与积极性，活跃活动方式，加强师生互动，在零距离接触和交流中融洽氛围，增进感情。帮助学生在课外文化活动中得到教育，获得启迪，善于思考。在着力培养学生个性化思维的过程中必须增强学生的创新意识，也就是要开展立体的文化活动，不只是物质的，更要重精神；不仅要与时俱进，也要重视传统文化的学习；既要注重校园文化活动，追求形式的变化性和多样性，也要追求校园文化内容，有特色和丰富化。

（3）建立良好的激励机制

良好的激励机制的对象，主要是指狭义的校园文化，即课外活动。职业院校大多数比较注重校园课外活动的开展和建设，比较短缺的是良好的激励机制。课外活动其实主要分为两块：一是校内的课外文化活动，二是与课堂教学密切相关的专业实践。要建立良好的激励机制，两方面都要重视和抓好，不能有所偏重和忽视。激励机制既要包括物质激励，也要涵盖精神激励，并且最好形成完善的激励制度。目前高职院校的激励机制是有，但存在一定的问题。一方面是激励的力度不够，范围狭窄。由于受经费等因素影响，一般只有校级活动才会给予激励，激励的精神奖励重于物质奖励，这会从某种程度上挫伤学生参与活动的积极性和主动性，也必然会影响校园文化建设。另一方面，激励显得比较随意，缺乏完善的制度和良好的程序。所以，高职院校要有针对性地建立良好的激励机制，为校园文化的良性循环搭建起平台。

（4）领导干部抓作风、促校风

一个学校管理者的思想作风、工作作风、生活作风对校风建设是至关重要的。校风抓得好不好，关键在领导，领导作风是良好校风形成的关键。

学校领导干部要随时加强个性素养，要坚持科学发展观，树立正确的教育思想、先进的办学理念，制定科学的治校方略；要有锐意改革、勇于创新、与时俱进、开拓进取的拼搏精神；要以人为本，树立全心全意为广大师生服务的思想，当好公仆，把师生的要求与呼声放在心上，切切实实地为师生办好事、办实事，帮助师生解决实际问题；要发扬"吃苦在前，享受在后"的道德精神，加强职业道德、社会公德、家庭美德修养，为学校的改革与发展提供坚实的思想保障；学校领导干部必须从思想上重视校风建设，真抓实干，力求校风建设突显实效性；学校领导及中层干部必须做到作风民主、公道正派，清正廉洁、严以律己，发扬艰苦奋斗精神，努力塑造举止得体、身正垂范、学高为师的形象。

学校领导要身先士卒、以身作则、率先垂范，处处做群众的表率；以求真务实的作风、扎实有力的措施精心组织实施工作任务，定期督查落实，提高工作执行力；坚持统筹兼顾的原则，增强工作的针对性和实效性，扎扎实实地做好教学、管理各项工作，还要解决好校风建设中存在的突出问题，将校风、教风、学风建设活动和当前工作有机结合起来；作为教育教学领导者，要深入开展教育教学调查研究，成为教师专业发展的带头人；学校领导带领中层领导加强处室工作作风建设，各处室要积极投入"三风"建设活动中，开展以创建学习型、服务型、创新型和效率型处室为目标的文明创建活动。特别是行政后勤部门要转变工作作风，增强为教学、学生主动服务的意识，自觉遵守劳动纪律，以身作则，及时协调解决工作中出现的问题，提高工作效率和工作质量，提高管理和服务水平，为师生创造一个良好的学习、生活环境，以自己良好的工作行为感染学生。

第二节　高职教风管理的创新

一、高职教风概述

（一）教风

"教"即教学，"风"即风气，简单来说，教风即教学的风气。古人说"教"："上所施，下所效也。"在长期的教学中，教师对待工作、学生、学校、集体和社会的态度、言论和行为等就会逐步固定成型并稳定地保留下来，形成一种特有的风格。这种风格会在一定范围内长期存在，作为无形的精神力量潜移默化地影响相关教学人员的教学态度和行为，这就是教风。

广义上的教风指一个学校教育工作的特色和风格；狭义上指教师的职业道德、教学态度、教学水平、方法和效果以及教师的学术水平、教学研究能力等。教风既是一种历史积淀，也是一种文化承传，更是一种人文环境。良好的教风包含多方面，比如教师的爱岗敬业、热爱学生、积极进取、乐于奉献等精神。

（二）高职教风

高职教风，即存在于高等职业院校中的教学风气。高等职业学院是专业技能学习的殿堂，是高精尖技术人才的培养机构。如果说基础学校和中等学校的主要任务在于传播基本的文化知识，那么高等职业技术学院的主要任务就是培养职业技能。因此，高职院校教师在教学过程中除了应具备爱岗敬业、热爱学生、积极进取、乐于奉献等品质外，在教育教学过程中还表现出与高职院校定位相符的专业性和社会服务性等品质和风范。

（三）高职教风管理

在高职院校范围内，高职教风管理是构建优良教风的过程。它包括两方面：

一是高职院校层面，即通过思想教育、制度保障和创建良好的校园文化氛围来营造高职院校优良教学风气的过程。二是教师自身层面，即通过道德自律、重视自身专业知识学习与专业技能的提升来形成优良的个人教学工作作风的过程。一种好的风气是一种文化、一种传承，它在无形之中发挥着示范、教育、激励和约束等重要作用。高职院校内一旦形成良好的教风，必将对全校师生的思想、行为等产生重要影响，不但能够带动形成良好的学风和校风，还能够在一定程度上影响和引领社会形成良好的风气与环境。

二、高职教风管理中存在的问题

（一）教师重学科轻教学

教师重学科专业知识，轻教学专业知识。高职院校教师的专业知识结构至少应包含三方面的知识：首先，精深的专业知识，包括本学科的专业知识及与本学科相关的边缘学科知识；其次，扎实的教育学科知识；最后，广博的相关学科知识，包括心理学、神经生理学、系统科学、方法论、逻辑学等学科的知识。通过调查发现，我国大多数高职院校教师重学科专业知识的更新，而轻教育学科专业知识的积累和储备。

（二）教师学术性教学能力不足

教学是学校工作的主体。教学对于教师不是机械灌输知识的过程，对于学生也不是简单的单向接受知识的过程，而是一个师生之间双向互动的过程。在这个互动的过程中，教师是教学的主导者，学生是教学的主体。教师在主导教学中应具备专业的教学能力，包含以下几个成分：专业知识成分、教学技能成分、教学研究与反思成分以及教师的教学交流成分。其中，专业知识是教师教学能力形成的前提；教学技能是教师教学能力的核心；教学交流是教师教学能力提升的动力；教学研究和反思是教师教学能力的有力保障。

反观当前高职院校教师，由于多数教师缺乏相应的师范教育背景，又不注重教学学科知识的补充，缺乏先进的教育教学理念，对学生学习心理了解不够，导致无法充分发挥有效的教学设计和实施能力。

（三）教师的教学成果较少

教学学术概念的提出让人们意识到教学和科研一样，也是一项严肃而专业的学术活动，与科研活动一样具有重要的理论价值和现实意义。教师在教学实践中应具备教学的问题意识，针对教学中的具体问题，运用科学的研究方法对问题进行研究、反思，形成教学研究成果，应用于实践并将教学研究成果公开，接受同行评价，推进教学理论与实践的发展。但是在现实调研中可知，大部分教师对教学的研究投入远远低于学科研究。

（四）教师的个人素质有待提高

1. 思想素质层面

（1）职业道德不容乐观

教师对学生无心管理。部分教师对学生的管理欠缺，很少对学生进行思想教育。教师每天在自己的课堂上把上课当作完成任务，也就很少对学生进行品德养成教育。部分教师在遇到学生违反纪律时，喜欢用简单粗暴的方式解决，并且也有教师存在迟到早退、上课接听手机、语言粗俗等不良现象。如上课铃声已经响了好几分钟，但是老师还没有走进教室；还没下课，教师就已经离开了教室。要求学生不乱扔垃圾，但有的老师乱扔烟头，种种不良现象让教师的言传身教渐渐失去了说服力。

（2）职业认同感较弱

职业认同是指对本职业的价值取向趋同性，教师能否有激情地工作和教师的职业认同感有很大联系。通常情况下，教师的职业认同感会随着工作年限的增长而提高。但是，当出现了教师办辅导班牟利或者向家长索要财物等负面报道，与世人心中"学为人师、行为典范"和"蜡炬成灰泪始干"等对教师的期望产生落差时，教师在社会中被尊重的地位以及教师自身的职业认同感会受到影响。

2. 业务素质层面

（1）教师第一学历偏低

高职院校的教师中，第一学历为中等师范学历的教师没有接受过系统的教育学、心理学知识的学习，间接影响其教学理念和科研能力。有的教师平时较少看书和学习，在业务素质方面提升缓慢。

（2）校本培训参与度低

教师参加的培训主要分为校本培训和校外培训。校本培训主要是学校教研活动，校外培训主要是将教师外派到某学校听讲座，或是通过网络的方式对教师进行培训。有的教师对教研活动参与积极性不高。教研活动的目的是提高教师的业务素质，本应该受到教师的欢迎，可是学校在开展教研活动的过程中教师参与度低。

（五）教师的绩效评价体系有待完善

1.绩效评价主体单一

通常情况下，绩效评价主体是上级主管，采用自上而下的评价模式。要对别人做出评价，如果对其一点都不了解，也就难保证科学性。大部分学校对教师的绩效考核主体单一，很少从学生等不同角度对教师进行多元评价，教师彼此间也不会互相评价。通常评价的主体只包含学校的管理者这一主体，比如学校对教师的教学考核由教务主任依据教学成绩来进行具体评估，很少进行教师互评和学生评教。术业有专攻，教师在工作中相互交流和学习，对彼此的师德和教学水平能亲身感受，但恰恰在绩效评价过程中缺乏教师这一评价主体。

2.绩效评价标准僵化

绩效评价标准单一，主要依据教学成绩。大部分教师认为单位对教师的工作绩效考核主要依据教学成绩，较少参考其他评价标准；即使采用了某些评价标准，也会出现无区分度的结果，导致每个人都能达到目标。例如学校每学期都会和教师签订《安全目标责任书》，其评价标准就是不出安全事故，让校园实现零危险事件，动员教师一起行动起来保护学生。该责任书设计初衷是好的，教师或许会为了实现这个目标而对学生强调安全常识。但是该评级标准具有很强的不可控性，对教师也没有具体的行动要求，只是泛泛地要求提高安全意识，最终让教师对该目标失去期待，并且安全目标的实现与否对教师的绩效考核结果影响不大。

3.绩效评价结果区分度低

评价结果的区分度低。通常对教师的考核结果有四个：优秀、合格、基本合格和不合格，而大部分教师都会得到合格的评价结果，学校会评选出一定比例的优秀教师。另外两个结果——基本合格和不合格，教师几乎是不会得到的，往往都是犯了比较严重的错误，经过县级部门的批准后才会允许给予这两个结果。这样的评价结果区分度低，按比例评选优秀教师会让勤奋的人因优秀名额的限制而只能得到合格的结果，而不辛勤工作的人也能得到这个结果。

（六）教师激励管理有待科学化

1.领导者的角色缺位

学校领导的管理风格决定了一个学校教风的好坏，每一任领导的不同管理风格对学校发展的影响很大。多数教师认为校长个人在学校教风管理上扮演着重要的角色，如果拥有好的领导，他们的工作积极性会提升。但是，目前部分高职院校领导班子对学校的发展缺少长远规划，不重视促进学生全面发展，加上领导者不愿意对自身进行约束，导致学校处于教风散漫的局面。

2. 缺少教师激励措施

科学合理的激励措施能有效激发教师的工作积极性，但目前部分高职院校对于教师的激励措施有限，教师缺乏工作积极性，让各部门负责人头疼的就是难以安排教师做事，匮乏的经费也不能激励教师。每学期的绩效考核下来，教师之间的差别不明显，导致干好干坏一个样，何来对工作的积极性？

三、高职教风管理的创新建议

（一）强化高职师生对教学学术的认识

1. 明确教学学术的地位

学术性是大学与生俱来的根本特性，学术研究是高职院校教师的生存方式，没有研究和创造的学校是毫无生机的。通过明确教学学术的概念和地位，将教学学术正式纳入高职院校教学管理的政策文件中来，给予教学学术以应有地位，是形成教学学术性教风的首要工作。只有高职院校管理层、教师以及学生都能认识到教学的学术性，才能够依照学术的范式管理教学工作和进行有效的教学学术活动。

2. 进行教学学术宣传

为了使高职院校师生更好地理解和接受教学学术的概念，自觉将教学学术落实到教学实践中来，需要在高职院校范围内开展有关教学学术的宣传、教育和讨论活动，以便教学学术的观念能够深入人心、落到实处。进行宣传教育的方式应使传统与现代相结合，有形教育与无形熏陶相呼应。

传统的宣传教育方式主要有：校级领导或院级领导带头讲话，提升高职院校教师对教学学术的重视程度；开展有关教学学术的研讨会、报告会、座谈会等，发挥高职院校教师发展教学学术的主体作用；树立教学名师、学术大师等优秀教师典型，以点带面，充分发挥榜样的示范作用；在校内宣传栏展示宣传教学学术的口号、内容、经典实例等，营造高职院校中重视教学学术的文化氛围。

现代的宣传教育方式主要有：利用网络技术进行教学学术的宣传教育，如通过加强对教学学术专题网站、微博、微信公众号的建设与管理进行宣传教育；通过 MOOC 平台或其他技术使国内外优秀高职院校教师对接，共同提升教师的教学学术水平，形成浓厚的教学学术研究氛围。

3. 开展教学学术培训

对于高职院校的管理者来说，强化对教师的教学培训是提升教师教学学术水平的有效途径。通过入职后的培训，教师可以获得最新的教育教学理念，更新和完善教学理论知识和技能，不断适应新时期高等教育对教学学术的要求。强化教师教学培训、构建教师终身教学的学习体系，是提升高职院校教师的教学学术水平、促进教学学术性教风管理的有效途径。

（二）引导高职教师践行教学学术

1. 加强行动学习

众所周知，高职院校是为国家培养高级专门人才的机构，因此高职院校培养人才的着力点要面向现代化、面向世界、面向未来。我们现在所处的时代是科学技术迅猛发展、知识飞速更新的时代，高职院校培育出来的人才必须随时准备好迎接世界发展引发的科技革命和知识大爆炸时代大量知识的冲击。面对世界文明日新月异的发展，教师不能只教给学生现成的知识，更重要的是教会学生如何去获取和创造适应和推动社会发展的新知识。所以，面对时代的发展以及培养学生学习和研究能力的需要，高职院校教师自身应具备不断学习的能力及研究创新的精神。教师加强行动学习，在教学过程中运用知识、创新知识，不断提高自己的教学学术水平，促进学术性教风管理。

2. 勤于反思研究

现代教师不能满足于做一个"教书匠"，而要成为一名学术型教师。教学作为知识传播的手段，与科研是紧密结合成一体的。如何传播知识本身就值得研究，教师不仅应该教，而且应该会教。作为一名高职院校教师，必须通过自身对教学的不断研究和探索，才能完成好教学任务、提升教学学术水平。不从事教学研究的教师就不可能进行有效的教学，不能激活学生的思维和兴趣，不能提升教学的质量。因此，高职院校教师要注重教学研究，在教学过程中充分认识教育对象的身心特点，积极运用与教学内容和教学对象相契合的教学方法，启发学生的创造性思维，争取成为在教学中教、在教学中学、在教学中研、在教学中成长的教学学术型教师。同时，还要丰富教学学术研究成果，研究真问题，这样才有利于教学的发展和质量的提升。

3. 积极合作交流

高职院校教学活动是教师与学生双向互动的交流过程，在交流中知识得以传播、更新和创造。因此，合作和交流不但是高职院校教学工作的内在要求，还是提升高职院校教学质量、提高教学学术水平的重要保证。高职院校教学中的合作与交流不但存在于教师与学生之间，更应该存在于教师与同事、同行之间。教师与学生的合作交流，可以促进教师更好地了解学生，以便针对学生的学习特点、能力与知识的掌握程度，有的放矢的地改进教学方法和教学策略，有效提升教学的质量；通过教师与同行之间的合作交流，彼此之间可以共享教学和研究工作经验。对方就像一面镜子，可折射出自身教学工作中的不足，使得教学能力在研讨与交流中得到提升、教学思维在交流中得到拓展、教学学术在交流中得到发展。此外，合作交流还能够促进教学热情的激发与持续发展。通过交流，教师对教学工作的认同度更高，带动教师形成教学研究和反思的习惯。

（三）加强高职青年教师师德建设

1. 提升高职青年教师的政治素养

青年教师是培养社会主义建设者和合格接班人的重要力量，其政治素养的高低关系着高职院校人才培养质量和社会主义办学方向。经调查发现，目前部分青年教师的政治理论素养有待提高，需要切实加强高职院校党建工作，不断提升高职院校青年教师的政治素养，推动高职院校青年教师师德建设。

（1）加强青年教师的政治理论学习

教师政治理论学得越透彻，政治信念才能越坚定，才能坚守教育初心。因此，在加强高职院校青年教师师德建设过程中，要把握理论学习这个关键，用政治理论武装高职院校青年教师的头脑，切实提高青年教师的政治素养。

（2）注重青年教师党员发展

进入新时代以来，高职院校教师队伍越来越呈现年轻化趋势，青年教师逐步成为高职院校教育的骨干力量。加大在青年教师中发展党员的力度，引导青年党员教师增强"四个意识"，树立"四有"好老师的示范标杆，激励更多的青年教师向党组织靠拢。高职院校党组织在开展青年教师党员发展工作中要坚持"严"字当头，做到严选、严育与严管。

（3）加强青年教师党支部建设

作为高职院校基层党组织的重要组成部分，高职院校青年教师党支部直接面向广大青年教师，在引领青年教师成长发展、提升青年教师政治素养上有着重要作用。推进高职院校青年教师党支部建设，要从高职院校青年教师党支部政治建设、思想建设以及服务型高职院校青年教师党支部构建三方面着手，切实发挥支部对青年教师的引领作用，加强青年教师师德建设。

2. 强化高职青年教师的育人意识

（1）强化核心价值观教育

包含 24 个字内容的社会主义核心价值观明确了国家、社会、个人三个层面的价值追求，是当前我国倡导的主流价值观，是中国人民共同的价值追求，为青年教师提供了价值规范和行动指南。因此，高职院校要强化对青年教师群体的社会主义核心价值观教育，促使青年教师明白人生的价值在于奉献，强化社会责任感，自觉提高自己的职业道德素养，形成正确的职业观念、高尚的道德情操，帮助青年教师树立教书育人的正确理念，激发青年教师为党育人、为国育才的育人初心。

（2）规范青年教师的育人行为

高职院校青年教师的育人行为离不开理论的指导。从古至今，我国在几千年的教育实践中形成了丰富的师德理论知识，里面蕴含的教育内容对规范当前高职院校青年教师的育人行为具有重要意义。当前部分青年教师在为人师表方面还有待提高，要加强高职院校青年教师师德理论教育，通过师德理论教育帮助他们树立正确的"三观"，进而转化到教书育人的行动中。

（3）提高青年教师的育人能力

随着我国高职教育事业的发展，入读高等职业学校的学生人数越来越多，高职院校对教师的数量需求也越来越大。在扩招影响下，非师范类学校出身的高职院校青年教师数量也随之上升，他们虽然在学生期间接受了较为系统的专业知识培训，但在教师师德素养、教学能力等方面缺乏正规的培训，影响育人的成效。因此，要开展高职院校青年教师培训指导工作，加强对青年教师育人、教学及科研工作的培训指导，从而提高青年教师的育人能力。

（4）激发青年教师的育人担当

近年来，高职院校青年教师在高职院校教育教学中发挥着越来越重要的作用，然而多数高职院校青年教师由于缺乏系统、专业的师德教育，对教师职业缺乏正确的认识，需要不断补充师德知识，培养他们的师德修养。正面典型示范具有价值引领、精神鼓舞、情感激发等作用，发挥优秀教师的榜样示范作用能够帮助高职院校青年教师树立正确的"三观"，使他们意识到作为教师的职责和使命，激发他们内心的责任感和担当意识。高职院校要把深化典型示范作为加强高职院校青年教师师德建设的有效途径，通过有效的方式最大限度发挥典型的示范引领作用。

3.加强高职青年教师师德管理

（1）建立青年教师日常管理机制

高职院校青年教师队伍师德建设是打造高素质高职院校青年教师队伍的生命线。然而，目前高职院校青年教师仍不同程度地存在政治素养缺乏、育人意识不强、为人师表有差距等师德问题，这些问题的出现与高职院校青年教师队伍日常管理机制不完善有着很大的关系。建立青年教师日常管理机制，已成为新时代加强高职院校青年教师师德建设的重要措施。

（2）健全青年教师联系交流机制

高职院校教师工作独立性强、自主支配的时间多，在科研与教学压力下需要更多不被打扰的空间与时间，所以，青年教师与外界的沟通交流有限。健全联系交流机制就是为了给青年教师创造更多学习与交流的机会，在沟通交流中取长补短，使青年教师在思想、教学与科研上更上一层楼，不断提升师德水平。

（3）建立青年教师考核评价机制

建立一套全面、科学的青年教师师德考核评价机制，是开展青年教师师德建设工作的重要举措，也是提高青年教师师德修养的重要一环。高职院校要突出师德标准，重视青年教师师德考评机制的完善，明确考评内容、细化考评标准、优化考评方式以及做好考评后的分析和反馈工作。

（四）加强高职教风与学风联合建设

1.强化教风管理带动学风发展

教风与学风建设之间存在密不可分的关系，既相互制约又相互促进。良好的教风能够提高教学质量，带动学风的发展建设，优质的学风又能够促进教风的进一步发展，两者互为条件、相辅相成。在高职院校的教风与学风联合建设过程中，首先要理顺教风与学风之间的关系，从教风管理入手提高教学质量，发挥教师在实际教学中的指导作用，进而增强学生的学习效果，引导学生自主学习，发挥学生的课堂教学主体作用。以教风管理的发展带动学风建设，提高全体教师的教学水平和道德素养，为学生的学习发展创设良好的外部环境。高职院校学习环境的改变能够提高学生自主学习的积极性，为学风建设提供良好的学习氛围。

2. 强化课堂与生活的并行教育

课堂教学一直是高职院校教学的重要组成部分，也是我国传统教学的核心内容。课堂教学不仅是教师传授知识的重要场所，也是学生和教师交流沟通的主要方式。课堂教学效果的好坏不仅能够直接地反映出教师的教学水平，还是对学生学习态度和行为习惯的集中体现。因此必须提高对课堂教学的重视程度，确保课堂教学的作用得到充分的体现。同时，还要注重学生生活方面的教育。高职院校学生所处的社会环境较为复杂，完善的生活教学是确保高职院校学生身心健康发展的重要保障。课堂与生活并行教育，能够对高职院校学生的整个学习生涯进行科学合理的引导教育。

（五）改革和加强高职教师的教学管理

1. 改革高职院校教师选拔和聘用制度

目前，对于新任教师的基本素质有五条要求：其一是关于品德的要求；其二是关于学位及年龄的要求；其三是关于学历的要求；其四是关于科研成果的要求；其五是关于教师学缘结构的要求。并且在有的学校的岗位招聘公告中也明确指出，招聘条件为上述前四条。可见，当前的教师选拔和聘用制度主要侧重于考察教师的科研水平，即学历和论文发表情况，而对教师的教学能力的考察并未有明确的标准，导致了教师教学能力的薄弱。

高职院校对新录用人员至少应有两条学术要求，一条是他们现在正在进行的研究；另一条是他们所掌握的教学技能以及将其运用到实际教学中的能力。因此，为了使高职院校教师充分重视教学、形成高职院校中的教学学术风气，高职院校在制定教师选拔和聘任标准时，应该充分考虑应聘人员的教学理论知识水平和教学实践能力，以及其教学方面的学术成果；并在聘任过程中对教师的教学设计、教学组织和问题分析能力进行考核。

2. 改革教学评价和学术评价标准

要改革当前的教学评价和学术评价标准，应该将教学学术纳入教师教学评价和学术评价的标准中来，加大对教师的教学考察力度。

一是推行发展性和结果性并行的教学评价。发展性教学评价过程中应该侧重对教师教学态度、教学设计和组织能力、教学效果等方面的评价考察，考察主体和方式为专家评价与指导、同行评价与互动、学生评价与改进、自我评价与反思相结合。

二是推行教学和科研并重的学术评价标准。高职院校师生的学术评价代表了一所高职院校的学术水平，因此，高职院校管理者多将教师的学术成果作为教师评聘晋升和发放岗位津贴的主要依据。以往，国家和高职院校的学术评价较为注重教师在学科专业研究方面的创新性成果，以此作为评判高职院校办学水平和评定高职院校教师职称的标准。欲改变之前"重科研、轻教学"的学术评价标准，建立合理的学术评价制度，高职院校应该改革科研导向的学术评价标准，将对教学学术成果的考核纳入学术评价标准中来，使得高职院校教师的学术评价制度立足于教学和科研的双重目标之上，对教师教学的知识、能力、成果等进行全面的考察，以增强高职院校教师的教学学术责任和意识，形成教学和科研并重的教学文化氛围。

3. 加大教学管理制度的执行力度

制度的生命力在于执行。制度执行是一门关于如何完成任务的学问，高职院校管理人员在执行落实每项具体的教学管理制度时，不仅要体现执行的力度，更要注重执行的效果。一项好的制度如果不能有力执行，就会形同虚设，难以发挥应有的作用。当前高职院校为了促进高职院校教师积极投入教学，提升教学质量和水平，制定了众多有关教学及研究的规范性制度。若想让制度真正落到实处，首先，应该切实对制度进行宣传，使高职院校教师明确制度中的内容，牢固树立按制度进行教学的观念，养成自觉执行教学规范的习惯；其次，还要切实加强对制度执行情况的监督、检查，确保高职院校教师履行了教学规范。只有教育与监督相结合，才能真正地发挥制度的作用。

（六）搭建高职师生教学交流共享平台

1. 师生教学团队建设

通过搭建师生教学团队，可以有效促进师生之间以及教师之间的学术交流、交往。首先，教学名师团队建设是进行教师共同体建设的一种方式，通过聚集不同学科的优秀教师，进行学科间教学经验的交流探讨，不仅有助于完善教师的知识结构、提升教师的教学能力，而且还能够启发创建多元的教学管理方式，对于培养符合时代发展的复合型人才大有裨益。其次，师生学习小组建设也是促进教学交流的一种方式。教师根据学生的不同特点和兴趣将学生划分成不同的学习小组，指导学生进行自我学习和研究是培养学生自主学习能力和问题分析能力的有效方式。通过构建师生学习小组，不但能够促进教师与学生之间进行交流，还能够培养学生主动学习的积极性和乐趣，真正实现教学相长。

2. 教学发展中心建设

通过在高职院校内搭建教师教学发展中心，可以推广先进的教学理念，探究教学的规律，设计开发教师教学发展项目，提供教学支持服务；还可以宏观指导学生的学习，促进学生学习能力的发展。高职院校教学发展中心通过开展教师培训课程、研讨与交流活动、观摩实践、咨询服务等工作，为教师的教学提供服务，以达到促进教师专业知识水平提升、专业能力提升和教学交流与共享的作用。因此，高职院校教师教学发展中心的建设，一方面为高职院校教师教学水平的提升提供技能性的支持，如通过开展教学知识培训优化教师的知识结构；通过开展教学实验改进教师的教学方法、技能；通过开展教学沙龙，提升教师教学交流与评论的能力等。另一方面，还可以促进高职院校教师形成重视教学的文化氛围，教师通过积极参与教学发展中心的活动，可以将更多的时间、情感、精力放到研究教学、提升教学质量上来，共同形成重视教学学术的文化氛围和风气。

3. 网络教学共享平台建设

网络教学共享平台主要是以互联网为媒介进行教学学术交流与传播的过程，当前主要包含教学学术宣传网站、MOOC 平台等。建立网络教学交流平台，可以打破时间和地域的限制，将教学置于除本校之外得更为广阔的高等教育空间。通过当前较为流行的 MOOC 平台，不同高职院校的教师可以将教学知识和过程展示给同行或有需要的学生，促进教学经验的传播和共享，同时能够通过网络接收到同行或学生最真实的评价。但是在建设 MOOC 平台时，应该配备相应的监管机制，对教师的教学内容进行审核和筛查，以保证教学内容的高价值性。此外，还要考虑到知识产权和知识成本的问题。只有合理管理和有效建设双管齐下，才能形成重视教学的学术文化环境。

（七）建立起完善合理的教风运行机制

学校相关制度、规则、措施是否完善、合理，教师教学和学生学习积极性的高低都会直接影响教风及学风的好坏。教风影响学风，教学制度、措施也会影响教学质量。学校要进一步修订完善教育教学相关制度、流程，完善机制体制，加强教学环节管理。学校教学行政管理机构要加强对教师日常的备、教、辅、改、考、评、听评课各个环节的督导，加强对集体备课工作的检查，注重检查效果，切忌走过场，坚持检查与指导相结合、点与面相结合。督查后要对发现的问题做出指导性的评价，定量评价与定性评价相结合，及时反馈给教师个人并要求其及时整改，帮助教师规范教学行为。

补差工作管理监控要到位。学生有差异性，辅优补差就是针对这种差异性实施"因材施教"。要加强管理补差，人数应控制在规定的数量内，统一安排时间、地点和学科。任课教师应加强对学生学习方法的辅导，努力提高补差质量，不断提高合格率，并做好辅导记录。教研组、备课组也要发挥集体智慧，通过主题研讨等形式解决好以上问题。教务处用教学监控实施方案来评定教师的这一工作成效。

完善考核方案，加强考核评价工作。不能片面地对教师进行考核，要实施教师间互评、学生对教师进行评价、学校领导对教师进行评价及家长对教师进行评价的综合体制，从师德师风、教学技能、效果等方面进行综合评价，奖惩并行，形成教学、育人的导向，提高学校办学质量。对教师个人教学质量及年级组和教研组教学质量实行目标管理和考核，注重过程性评价和终结性评价相结合，做好对平时评价材料的收集和保存工作。

教师自身要提高修养，加强学习。教师要高度重视师德师风建设，提高自身修养，增强敬业精神。学习现代教育教学新理论、新方法，加强研究，更好地与教学结合，形成自身的教学特色，大胆改革、不断创新，使自己成为研究型、实践型、理论型的教师。学校督促教师加强日常教学工作，加强业务学习，拓展知识面，提高专业水平。这无疑会对学风建设产生积极的影响。

（八）积极抓好高职教学革新

教学革新，首先要从提高教师素质抓起，抓师德建设，抓教师能力建设。高职院校要下大功夫，全面提高教师的教学、科研能力和水平，可以下大力气引进学科带头人，强化在职在岗教师的进修和培训，加强课程建设。在整体提高了教师队伍的教学水平和能力之后，再就是抓好教学革新。突出的问题就是教风的革新，不能不思进取，不能幻想着"永远拥有吃不完的奶酪"。要改变照本宣科的课堂教学方式，提高教风建设的自觉性，教师个人要端正思想，从自我做起，搞好第一课堂教学。学校要形成良好的教风保障体制和运行机制，从制度上革新教风，还可以适当拓展第二、第三课堂教学，以良好的教学效果优化教风。

（九）注重高职课堂教学变革

事实上，自班级授课制提出和实施以来，课堂教学的变革一直就没有中断过。随着信息技术和科学技术的快速发展，网络资源化、资源共享化、教学个性化、环境虚拟化、活动协作化和学习自主化等特征也不断冲击着教育教学。尤其是近年来"慕课"强势来袭，新的科学技术正在引发一场教育革命，它正在极大地冲击和改变我国几千年来的传统教育模式。它甚至在不断改变着人与人之间的共生关系，迫使高职院校变革课堂教学方式。高职院校若不实施改革，可能会沦为世界一流学校的教学实验室和辅导教室。课堂教学是高职院校教风建设最重要的组成部分，但是教学效果却差强人意。要形成良好的教风，必须从重视课堂教学入手。面对新时代、新信息的挑战和严峻形势，在注重课堂教学的同时，还要注重课堂教学的有效变革，使课堂教学成为引领高职院校教风建设的风向标，成为有效推动教风建设的主力军。

第六章　高职学生管理机构与队伍建设的创新发展

在高职院校内部的管理过程中，管理队伍作为学校管理决策的制定者、管理制度的执行者、组织协调者和服务者是一支非常重要的队伍，学校管理的职能就是通过他们的具体工作来体现的，他们在不同的范围内承担着不同层次的管理职责。实际上，他们是管理信息资源的生产者、处理加工者和传递者。本章分为高职学生管理机构的设置、高职学生管理工作队伍建设、高职学生管理工作者的素质要求三部分，主要有高职学生管理机构设置的原则、高职学生管理工作队伍的地位、高职学生管理工作者素质修养的重要性等内容。

第一节　高职学生管理机构的设置

一、高职学生管理机构设置的原则

（一）系统整体的原则

学生管理工作是学校这个大系统中的一个重要的支系统，这个支系统的管理目标与学校的培养目标是一致的，即维护高等学校正常的教学、工作和生活秩序，保障学生身心健康，促进学生德、智、体、美、劳方面发展。具体地说，就是对学生的思想品德、专业学习、体育锻炼、劳动实践、课余活动、行为组织、生活起居以及就业等进行全面管理。因此，学生管理系统是一个由多要素、多层次、多系统、多功能组成的结构群体。这个结构群体中的各要素、各系统、各层次间存在必然的内在联系，各要素和结构整体是不可分离的。因此，整个学生管理系统组织结构中设置的任何一个部门、任何一个管理层次及任何一个管理序列，都必须注意它们之间的功能联系及其同一整体管理效能的关系；否则，必然导致整个系统管理作用的减退和管理功能的紊乱。因此，设置学生管理机构必须依据系统整体原则，深入分析各机构之间的相互依存、相互制约、相互促进的关系，寻求学生管理机构的最佳组合，将各级、各类、各环节的学生管理活动协调于学生管理系统的整体运行之中，不断推进学生管理向机构体系最佳状态发展。

（二）因校制宜的原则

学生管理机构设置在不同的学校，由于其所处的社会环境、它自身的历史发展，以及学校的类别、任务、规模、条件、学生来源、领导力量、管理人员素质及校风、学风等各种因素的差异，不可能达到相同的管理效果。即使是同一学校、同一机构内，由于管理者的素质及工作作风的不同，也可能产生多样化的管理效果。因此，各校学生管理机构的设置只能因地制宜、因校制宜，在统一要求下从实际出发，实事求是，根据工作需要设置管理机构。一般来说，中等规模学校与小规模学校的机构相比，可能更需要一种完善的学生管理机构；至于大规模学校的机构，则更应该从上到下地加以周密考虑。关于组织机构的设置，各校可根据教育部划定的大原则、大框架，结合本校自身特点进行慎重而周密的试验，不断总结经验，不断探索，逐步摸索出适宜本校并能达到最优管理效果的学生管理机构设置方案。

（三）职、责、权相一致的原则

机构设置与人员配备坚持职、责、权相一致的原则，是发挥部门职能作用和使其协调一致的关键。职是职务、职能，责是责任，权是指依据职能、任务所赋予的权力。职责应有明文规定，并与权相一致。明确每一机构的职能，使在其中任职的工作人员都能与他们的技能水平和能力相当是非常重要的。要严格地确定和分配职能以保证各机构对自己所要完成的全部任务负责，并达到精简不必要机构的目的。在设置机构和安排职务时应该本着任人唯贤和人尽其才的原则，因事而择人，安排合适人员，合理地分配任务，使职责统一；并按履行责任的需要授予相应的权力，做到各个机构、各个部门都有职责分工，要从上到下建立岗位责任制。明确各管理层次和职能的职责范围、权力界限，使每个工作人员都能各司其职、各尽其责、各善其事。而且要严格岗位责任制的考核流程，以纠正过去职责不清、赏罚不明的现象，形成一个有效的、有秩序的学生管理新格局。

（四）层次制与职能制相结合的原则

层次性是所有事物组成的普遍规律。高职院校的学生管理系统中有校、系、年级、班、组这样几个层次，层次制指的就是学校的这种纵向划分方法。职能反映的是管理机构的各个系统可能涉及的活动领域，反映的是某些性质不同的工作的集合，这些工作的开展为实现系统的最终目标提供保证。

从学校一级来看，学工委办公室、教务处、总务处、宣传部、团委等就是职能单位，在学生管理系统中，它们从不同的角度对学生进行管理。考察学生管理机构设置的合理与否，应该主要从职能角度出发，但也不能忽视层次制。在设置学生管理机构时必须考虑到，在其他条件相同的情况下，层次的增加会导致所需处理的信息量的增加，领导者负担过重，会增加系统内活动相互配合的困难。而且随着管理层次和每一层次管理内容的增加，会出现由于管理过程复杂化而造成效能下降的情况。

（五）集中管理与民主管理相结合的原则

集中管理与民主管理可以说是当代学生管理中两个不可分离的组成部分，它们互为前提。只有高度集中，学生管理工作才有高效益；只有充分发扬民主，才更有利于保证管理过程的高度集中。因此，学生管理的集中化和民主化的相互关系在管理机构实际履行职能过程中得以体现，其在很大程度上预先决定着能否达到系统所要实现的目标。集中管理的主要任务是根据学生管理工作的特征做出统一的管理战略决策。垂直联系的系统控制之下，常常是学校最高层领导人的责任范围不适当地扩大，他们不仅被授权做出管理战略方面的决策，还参与具体管理活动，留给他们处理重大问题的工作时间很少。随着学生管理系统复杂程度的提高和管理信息的增加，具有较强机动性特点的较低层次管理活动，尤其是系一级的学生管理活动就日益具有更大的价值。

二、高职学生管理机构的类型与设置

（一）学生宿舍管理机构的设置

1.学生工作处和学生宿舍管理科

学生宿舍管理部门（宿舍管理科、各院系学生科、社会化公寓管理部门）主要由学生工作处统一管理。学工处原则上有对学生宿舍管理部门负责人及工作人员的选聘决定权，宿舍管理科原则上有对各院系专职负责学生宿舍管理人员的选聘决定权。宿舍管理科的主要职责是监督、检查各院系宿舍管理工作开展情况；制定宿舍管理相关制度，并指导、监督各院系组织实施；定期对各院系宿舍管理工作进行考核。另外，还有监督、检查社会化公寓管理部门工作的职责；指导、督查院系宿舍管理人员的工作开展情况。

2. 各院系学生科和社会化公寓管理部门

各院系学生科负责人在院系学生宿舍管理中是主要责任人，院系宿舍管理人员是具体责任人。各院系学生科要具体指导、督查宿舍管理人员的工作。社会化公寓管理部门负责人是公寓学生财产安全、人身安全（包括宿舍内因管理问题出现学生财物被盗、在宿舍学生人身安全受到威胁等情况）的主要责任人，楼栋管理员和公寓保卫科负责人是具体责任人。

3. 楼栋管理员和公寓保卫科

楼栋管理员除做好常规工作外，要确保宿舍内无重大安全事故和盗窃事故发生，要及时发现事故隐患并向上级部门报告。公寓保卫科要做好公寓安全保卫工作，定期组织做好公寓安全大检查，配合学校保卫科在学生宿舍内开展"自防、自救、自护"模拟演练，培养学生在宿舍内"自防、自救、自护"的能力；负责在公寓内发生事故的责任追究，分析原因并写出事故报告，交由社会化公寓管理部门和学生管理科共同处理。

4. 学院学生宿舍管理人员

学院学生宿舍管理人员肩负着一个学院学生宿舍管理工作，在学生宿舍管理工作中起着上情下达、下情上传的作用。其具体指导所在学院的学生宿舍管理工作，给辅导员传达上级要求和向上级汇报学生宿舍管理工作开展情况，并对辅导员宿舍管理工作进行考核。

5. 辅导员和学生干部

在学生宿舍管理当中，辅导员是学生宿舍管理者中的一线管理人员，同时也是在宿舍内开展思想政治教育的主要人员。学生干部是学生宿舍管理工作和思想政治教育工作中的重要抓手和得力助手，学生干部的作用是老师不能代替的。因此，高职院校宿舍管理应注重发挥学生的主体作用。

（二）学生党员培养教育管理机构的设置

高职院校是培养中国特色社会主义事业建设者和接班人的重要场所。而高职院校学生党员是学生中的骨干分子，也是党员队伍中最有生机和活力的青年群体，是未来中国特色社会主义事业建设者和接班人，对他们的培养和教育工作是高职院校党建的一项重要任务。教育部党组织也明确指出，做好新形势下的学生党员发展和教育管理服务工作，对于提高学生党员队伍整体素质、培养造就中国特色社会主义事业合格建设者和可靠接班人具有重大而深远的意义。因此，我们要认识到做好高职院校学生党员发展和教育管理服务工作的重要性与紧迫性。

高职院校学生党员培养教育存在多重问题，党建工作面临着一定的挑战，因此，建立一个标准化、教育培养途径多样化、管理机制健全和服务机制完善的学生党员培养教育管理机构是有必要的。增强高职院校学生党员的凝聚力，引导他们代表党员的先进性是我们不断努力奋斗的目标。

（三）学生档案管理机构的设置

学生档案是在学生管理活动中形成的反映学生个人经历、德才能绩、学习和工作表现的重要记录，是学生就业、升学、出国的重要依据。高职院校学生档案管理机构的设置直接关系到学生档案管理质量的优劣，体现了高职院校学生档案管理水平的高低。

目前的几种学生档案管理方式存在各自的缺陷。隶属二级学院管理的学生档案，由于人员变动频繁，毕业生查询档案去向是最大问题；隶属非档案部门、由其他职能部门（教务处、学生处等）管理的学生档案，主要是兼职人员负责管理，档案业务技能缺乏，管理不够规范，材料归档不全；隶属二级学院和档案部门共管的学生档案，双方责任界限不清，容易出现推诿责任的问题。

较为理想的学生档案管理方式应为由高职院校档案部门统一管理。理由有二：一是中共中央办公厅、国务院办公厅在《关于加强和改进新形势下档案工作的意见》中提出："坚持并不断完善党委和政府领导、档案部门归口负责、各方面共同参与的档案工作体制，确保分工明确、各司其职、密切配合、形成合力，促进档案事业协调发展"，并进一步要求"有条件的地方要对机关档案机构和人员进行有效整合，进一步降低行政成本，提高工作效能"。二是全国几乎所有高职院校都成立了档案馆或综合档案室等档案机构来保管档案并提供利用服务。高职院校档案馆（室）作为学校档案管理的专门机构，具备符合要求的档案库房和管理设施。

（四）学生就业管理机构的设置

1. 构建新型的主体间关系

在市场对人才需求量远远超出高职院校人才输出量的时代，高职院校大学毕业生是就业市场上的优势群体。但是，当人才市场需求量与人才输出量越来越趋向平衡且就业观念越来越趋向理性的时候，高职院校大学毕业生和用人单位却并没有很好地融入双向选择的就业机制中去。如何更好地解决就业问题，即在广泛的就业空间中发挥就业和用人的优势，这一问题已经成为现阶段许多领域的研究热点。支撑我国的高职院校学生就业服务体系需要多个主体参与，要想处理好高职院校学生就业难问题并非易事，也非一方之力所能为之。这需要政府、高职院校、用人单位和学生等多方主体共同努力，广泛参与合作，行使好自己的职责，构建一种新型的主体间关系，实现效率最大化，以缓解学生就业难的压力。

2. 优化就业管理机构结构

我国高职院校学生就业管理机构服务能力的提高关系到学生的就业质量，关系到高职院校发展，更关系到高等教育社会服务功能的实现程度。因此，就业率和就业质量的提高不单单要依靠良好的外部环境，关键还是取决于高职院校自身，取决于就业管理机构工作开展的程度和服务水平。也就是说，提高高职院校学生就业管理机构的服务能力要关注的是机构内部建设，要从自身抓起，完善机构的运行机制，实现机构结构的优化。

3. 充实就业管理的内容

高职院校学生就业管理机构的服务工作在促进学生有效就业方面起着至关重要的作用，就业服务工作的深入程度、优劣程度将直接决定学生的就业水平。在当今就业形势日趋严峻的情况下，破解高职院校学生就业难问题的关键是提高高职院校学生就业管理机构的服务水平，而机构的服务水平在一定程度上也是由提供的服务内容所决定的。因此，应大力充实就业管理的内容，提高高职院校学生就业管理机构的服务水平。

第二节　高职学生管理工作队伍建设

一、高职学生管理工作队伍的地位

任何高职院校从办学到办好学，从小到大，从大到强，最关键的问题是质量。质量是高等教育的生命线。而提高办学质量最关键的因素是教师，优秀教师队伍建设是关键。教师队伍的整体水平标志着一所高职院校的办学水平。师资队伍质量高是高职院校教育教学质量的根本保证，师资队伍建设的好坏，是决定学生培养质量的关键因素。

没有教师，不能成为学校；没有高素质的教师队伍，就没有高的办学水平。

教师承担着全面贯彻党的教育方针的重大职责，肩负着办好人民满意的学校的重要使命。因此，一所学校办学水平的高低主要取决于教师水平的高低，一所大学育人的质量如何，在相当程度上取决于教师的质量。高职院校作为国家培养创新人才的一个主要基地，是否有一支强有力的教师队伍和一批拔尖创新人才做后盾，将决定能否培养出一批又一批高素质并且能够将所学知识创造性地运用到经济、社会和各项事业发展中去的高智能的创新人才。

高职院校教学管理的核心是教师队伍建设。教师是组织与实施教学内容的主体，是教学活动的组织者、实践者，是教学方法的设计者、实施者。一流的教学内容、一流的教学方法、一流的教材、一流的教学管理首先需要有一流的师资队伍。在高职院校的教学建设中，教材、教法、教师"三教关系"处理的核心在于教师。在教学过程中，有效把握和正确处理知识传授与人才培养关系、教材与教学内容的关系、科研与教学的关系等，每一个环节都离不开教师的参与和作用的发挥，起决定性作用的是教师。

通过建设师资队伍，不仅可以大大提升高职院校教学质量和管理效率，还能促进高职院校的后期改革和长久发展。大量实践结果表明，建设一支综合素质足够高的教师队伍和管理队伍，可以从根本上提升高职院校办学水平，大大提升学校教育质量，促进高职院校人才培养工作的有效落实。

管理是各项事业成败的关键。管理出动力、出人才、出效益，这已成为人们的共识。实践证明，高职院校的师资、生源、经费、设备、技术、校舍、环境等"硬件"建设固然是办好学校的重要因素，但还有一个重要因素，那就是"软件"建设，就是人们科学地组织、管理、运用"硬件"，使其在相互联系中充分发挥相关作用，以保证实现学校整体工作的最佳效益和根本目标。高职院校管理工作的根本任务是把自然的人培养成德才兼备、又红又专的社会主义事业建设者和接班人。高职院校管理工作在教育人、培养人的过程中具有特殊的地位和作用。简言之，它是通过对人的管理来达到教育人、培养人的目的。具体来说，高职院校管理系统是"人—人—人"系统。开头的"人"指的是教育者——教师，末尾的"人"指的是被教育者——学生，中间的"人"指的是从学校领导到一般职员的广大管理工作者，他们处在中间的环节，具有桥梁和纽带的作用。高职院校管理工作者最重要的作用，就在于通过科学的、系统的、有效的管理工作，把教育者和被教育者即教师和学生有机结合起来，充分调动和发挥"教"与"学"两方面的积极性和创造性，最大限度地提高教育质量和办学效益，为培养更多、更好地适应新时代要求的社会主义事业建设者和接班人而做出贡献。此外，高职院校管理工作本身还具有直接的育人功能，管理人员在育人方面具有不可替代的重要作用，是育人的一个重要方面军。

二、高职学生管理工作队伍的作用

（一）在管理本质和职能上起着决定性的作用

在管理的本质和职能的体现上，学生管理队伍起着决定性作用。学生管理队伍是高职院校管理工作的主体，是从管理上保证高职院校培养"四化"建设合格人才的一项系统工程。它直接关系到学校的安定团结，关系到正常秩序的建立，关系到能否使学生抵制错误思潮和不良风气，以建立良好的校风学风，促进学生健康发展，自觉成才。

高职院校学生应当具有坚定正确的政治方向，热爱社会主义祖国，拥护中国共产党的领导，积极参加社会实践，走与工农相结合的道路；应当具有为国家富强和人民富裕而艰苦奋斗的献身精神；应当遵守法律、法规、校规、校纪，有良好的道德品质和文明风尚；应当勤奋学习，努力掌握现代科学文化知识。这体现了社会主义学生管理的本质，满足了社会主义政治、经济对学生管理工作的要求。

然而，学生管理的社会主义方向能否坚持、管理目标能否实现，直接起决定作用的是管理干部。由于学生管理是以人的集合为主的系统，其管理工作体现了教育的特点，因此，管理干部在学生从入学到毕业的在校阶段的学习、生活、行为的全过程中发挥着不可替代的组织、领导、督促检查、控制、协调、指导帮助和激励、惩罚等方面的决定性作用。

（二）在人才培养和教育要素上起着骨干作用

在学校人才培养目标的实现和各种教育要素的构成上，管理队伍起着骨干作用。学校工作应以培养人才、促使青年学生健康成长为中心。学生管理的目的也在于全面实现高等教育的目标，概括来讲，就是提高管理水平，促进人才素质的提高，使高职毕业生能主动适应社会主义现代化建设的需要。学生管理的基本要素有四个：一是管理对象，二是管理队伍，三是管理内容，四是管理手段。在四个要素中，虽然管理对象是管理活动的主体，但是开展管理活动的主力却是管理队伍。管理对象要靠管理队伍教育培养，管理内容要靠管理者去确定，管理手段要靠管理队伍去运用和改革。任何先进的管理手段都只能作为辅助工具，不能代替管理队伍。

　　换言之，学校的一切工作，包括正常的教学、生活秩序的建立和维护，学生良好行为习惯的养成，严谨、科学、优良作风的培养，德、智、体、美、劳方面的全面发展，都需要管理队伍去精心决策、计划、组织、指挥和控制。而且随着国家建设需要的增加，高等职业学校培养人才的任务日益繁重，可以说是以往任何时期不能比拟的。

（三）在管理规律和管理原则上起着主导作用

　　在学生管理规律的掌握和管理原则的贯彻上，管理队伍发挥着主导作用。管理队伍对管理的本质和职能的决定作用，以及完成管理任务时的骨干作用，都是管理队伍在学生管理工作中的主导作用的体现。而发挥管理队伍在培养人才工作中的主导作用，又是管理过程中掌握管理规律和贯彻管理原则的需要。

　　管理过程是学生在管理工作者指导下认识客观世界的一种特殊的认识过程。在此过程中存在多层次、多方面的关系、矛盾、规律，而管理队伍与学生两方面的活动是管理过程中最主要的活动，发挥管理工作者的主导作用和调动学生自我管理的主动性和积极性是主要矛盾和主要规律。尽管管理过程中还有其他各种关系，诸如思想管理、行为管理、智育管理、体育管理、美育管理方面的关系，管物与管人的关系，学生管理与教师管理的关系，管理者的素养与管理效果的关系，管理效果与管理者对学生心理特点、思想特点认识程度的关系，以及宏观方面的学校教育和学生管理与外部世界的关系等，但是这些关系都是从属于管理过程的总规律的。为了正确地反映和掌握这些规律，实现一定的管理目的，管理工作者经过长期的探索提出了一系列管理原则，诸如为社会主义现代化培养合格人才的原则，实事求是、一切从学生实际出发的原则，系统综合管理原则，管理与教育相结合原则，民主管理原则等。

三、高职学生管理工作队伍的职责

（一）提高学生的思想政治素养

1. 坚定学生的理想信念

　　理想信念教育并不是虚无的东西，要将其自然巧妙地融入日常教育中，把党和人民的殷切希望转化为学生的奋斗动力。多形式、多渠道开展理想信念教育，使学生意识到成长的过程中必须有理想信念的支撑，个人的命运只有和伟大的祖国相连才能书写出绚丽的诗篇，个人的命运只有和人民在一起才能永恒。因此，高职院校学生管理者应通过多种形式的日常教育、开展多种形式的活动，把理想信念坚定地植根于学生心里，让学生成为社会主义的坚定拥护者、传播者，让坚定的理想信念成为这一代人的必然信念。

2. 提高学生的国民素质

国民意识教育就是培养学生的国民素质，就是要让学生成为既有科学知识又有社会责任感的新时代公民。对学生开展必要的国民意识教育，一方面激发学生参与国家政治生活、公共生活的热情，让他们明白积极参与公共事务既是学生享有的权利，更是推动整个社会进步应尽的义务；另一方面要将国民意识教育融入学生的日常管理中，如让学生参与学校管理，重视学生在学校管理中的主人翁地位，积极创造条件培养学生的自我管理能力，通过参与学校管理培养学生的民主意识、权利意识和社会责任意识。

3. 培养学生深厚的爱国情感

利用当前中国经济建设取得的巨大成就及政治体制改革、法治社会建设的巨大进步，积极引导学生增强民族自尊心、自信心、自豪感，激发他们的爱国热情，引导他们积极投身祖国建设的浪潮，感受国家发展壮大带给每个人的荣耀；引导学生积极投身到社会实践中去，为祖国的发展壮大贡献自己的一份力量；引导学生积极主动地维护国家主权和领土的完整，自觉地批判违背国家发展的行为，培养学生"天下兴亡，匹夫有责"的责任意识，把自己的青春和热血洒在建设祖国大地的伟大事业中。

（二）做好学生日常管理工作

1. 建立行之有效的学生管理制度

所有的管理都必须有合理科学的管理制度作为保障。需要注意的是，当前建立有效的管理制度应该淡化行政色彩，即建立更加人文化的管理制度。人文关怀强调对人的尊重、对学生个体意识的理解，在学生的日常管理中，管理者应以平等交流的态度，尊重每个学生的个体差异、个体意识，以更加积极的姿态参与到学生管理中，与学生深入交谈，真正谈到学生的心坎上，真正解决学生面临的实际问题、实际困难，让日常管理工作更加富有成效。

2. 营造良好的班风、学风

好的班风是在全体成员的共同努力下形成的，具有凝聚人心的力量，在潜移默化中对班级成员产生规范、激励作用，是建设良好班集体的必备条件。营造良好的班风、学风是高职院校学生管理者的重要职责及重要工作任务，通过营造良好的班风、学风，能让班级成员在一个积极的氛围中共同努力、共同奋斗。

3. 深入学生，及时发现学生的问题

保证学生的安全稳定是学生管理工作的关键内容，因为人的安全是第一位的，没有学生的安全一切都没有意义。学生的安全稳定关系到整个学校工作的正常开展，要把学生的安全稳定放在一切工作之首，予以重点关注。学生管理人员要抱着对学生负责、对家长负责的态度，对得起家长和学生的信任与期待，在安全问题上始终绷紧头脑里的弦，决不能麻痹大意、心存侥幸。高职院校学生事务管理工作要求管理者经常深入学生、深入课堂、深入教室，与学生多做一些深入交流、多一些面对面的接触，只有这样才能了解当代的学生都在做什么、想什么、关心什么、讨厌什么。只有近距离接触才能深入了解学生的学习、生活、思想状况，才有可能发现学生中存在的一些问题。对工作中发现的学生的一些问题、一些苗头要重点关注、及时追踪，建立问题台账，随时了解这些学生的思想动态，帮助解决问题。对一些普遍性的安全问题，集中力量、集体解决。总之，高职院校学生管理者的心中要随时悬着安全这根弦，把学生的安全摆在首位。

4. 注重培养学生干部，发挥带头作用

学生管理工作千头万绪，管理者很难做到事无巨细、亲力亲为。在这种情况下，培养一批信得过、可靠的学生干部显得特别重要。学生干部也是学生，他们对同学的各种情况更为了解，也是各项规章制度的带头执行者。学生干部一般都是各方面的佼佼者，做好学生工作就要充分发挥学生干部的带头示范作用，充分运用他们的管理能力、组织协调能力、突发事件快速反应能力，协助高职院校学生管理者解决一些实际的问题和困难。

四、高职学生管理工作队伍建设的意义

（一）有利于全面加强学生思想政治教育工作

目前，我国高职院校辅导员有一个共同的困境：因为在高职院校里属于最底层的学生管理工作者，几乎所有部门的任务都交给辅导员完成，这就造成辅导员职责不明确、工作繁重的局面。这种状况不利于辅导员对学生进行思想政治教育工作。而加强高职院校学生队伍专业化建设就意味着进一步明确职责，将有利于减轻辅导员的负担、让辅导员从繁杂的事务性工作中解放出来，也有利于辅导员回归到以帮助学生树立正确的人生观、价值观为核心内容的思想政治工作上来。一旦有了明确的职责，辅导员也能将更多的精力放在学生的理想信念教育、道德

品质引导、心理健康咨询、校园安全与稳定、学风建设与学生发展、党团建设、学习资助、职业规划与指导等工作上，工作效率得到提高，从而也将使高职院校思想政治教育工作提高到一个新的水平。

（二）有利于建立高职学生管理工作理论体系

加强高职院校辅导员专业化建设的另一个重要意义在于，可以提升辅导员的社会地位和学术地位。长期以来，在传统的辅导员的角色定位上，高职院校辅导员往往沦为学术的附庸，这种角色的改变不是靠提高待遇或声誉就可以实现的。这些只能为改变创造一定的条件，要想真正改变辅导员学术地位，必须通过加强辅导员的专业化建设，让其发挥主观能动性，通过不断的学习、系统培训总结实践经验，加强理论素养，使辅导员由"经验型"向"研究型"转变，从"杂家型"向"专家型"转变，成为学生思想政治工作的理论研究者和实践者，才能真正从根本上改变辅导员在学术上的附庸形象，真正提高其社会地位和学术地位。

（三）有利于提高高职学生管理队伍的素质与能力

首先我们要认识到，提高高职院校学生管理队伍的素质与能力是时代提出的要求。一方面，时代的发展、社会环境的变迁、网络的扩张、全球经济化进程的加快必然产生许多新的问题、新的情况，在网络和外来文化的冲击下，高职院校辅导员工作面临新的挑战；从另一个方面来说，生源的复杂性、文化的开放性让辅导员工作需要具备更强的灵活性和针对性，这些需要辅导员加强自身学习和培训，提高自身能力和素质。

而高职院校学生事务管理队伍的专业化建设能够使辅导员在实践中深入学习和培训，使辅导员专家化、职业化，而不是停留在繁杂事务和工作的表面，最终成为思想政治工作、学生管理、心理咨询和就业指导等方面的专家。从专业建设的角度说，加强专业建设可让辅导员的学术地位得到提高，真正认同自己的职业，看好职业的前景，并长期全身心地投入工作中去研究所从事的事业，研究工作对象，研究管理模式与方法。这样既可以保持辅导员队伍的稳定性，又能保证学术研究的深入，从而促进辅导员队伍素质和能力的提高。

五、强化高职学生管理工作队伍建设的策略

（一）促进高职学生管理工作人员的专业化发展

1. 完善职业准入制度

我国并没有学生管理这个专业，所以，早年间从事这个职业的人员是五花八门的，各个专业的人都有，其中很大一部分是留校生。这种职业分配有利于学生管理，因为留校学生对这些事务非常熟悉，但是这样的用人方式也有一定的弊端，即容易导致思维模式、工作模式相对固化，缺乏创新。

在当前，要树立起这样一种观念：学生管理工作需要专业的人员来做，并不是任何人都可以胜任这份工作。从本校选留毕业生当然是一条捷径，但我们应该力争从不同的大学引进人才，让各种思想能够交汇，多样化的行为能够呈现，更多的做法能够被理解，让不同大学的德才兼备的毕业生进入学生管理队伍中来。

从事高职院校学生管理的人员最好具有心理学、管理学、社会学、法学等相关知识背景，而在沟通交流、心理咨询、团队活动中有突出表现的可以优先考虑。要把这些要求进一步规范化，通过高职院校联盟的方式建立起高职院校学生管理者从业标准，逐步建立并完善准入制度，为后续的专业化管理打下基础。

2. 加强职业规划指导

学生管理者作为一支专业化的工作队伍，其对职业生涯的规划设计显得特别重要。学生管理者的职业周期大体分为以下几个阶段：入职前、入职中、能力形成阶段、能力上升阶段、职业稳定阶段、职业退出阶段等。

在职业生涯的不同阶段，学生管理者必须对这一职业有深刻的认识，分析自身的个性、工作的目标和需求，做出适合自身的职业规划，走出一片职业发展的新天地。入职前可能对这一职业并不是特别了解，因而应该有一个入职前的职业了解、熟悉过程，并且具备一定的专业技能和胜任学生管理工作的基本能力。入职后随着工作的开展，对这一职业开始有理性的认识，并逐步培养起开展学生事务工作的专业能力。后期随着职业发展的深入、对从事工作业务的精通，逐渐发展成某一专门领域的专家型事务管理者，并且能够在工作中有所创新。接下来这类优秀的学生管理者要么开始走上领导岗位、从事管理工作，要么开始成长为一名真正的学生管理专家，能将自己所从事的工作上升到理论研究层次，提炼出有理论价值的学生事务管理理论。

3.建立职业考评机制

任何一个职业都有自身的职业目标、考评机制。对高职院校学生事务管理者的考评要建立在科学、客观的基础之上，不能简单地以工作量多少、坐班时间长短来衡量其工作业绩，而要以发展的眼光进行考评。高职院校学生管理者提高人才培养质量的实际效果理应成为最关键的指标。例如，所培养的学生是否具有优秀的思想品质、专业素质、心理素质，所培养的学生能否经得起风浪、经得住挫折的考验，所培养的学生是否能够获得用人单位的青睐等，这些都是考核高职院校学生管理者的核心要素。此外，可以通过多方评估对事务管理者进行全方位、多角度的评估，如学生对事务管理者的直观印象、学生工作领导小组对事务管理者的专业素质考评，重点考核高职院校学生管理者的工作态度、业务熟练程度、工作成效、开拓创新等。除此之外，学生事务管理者的自我评估也应考虑进来。这种结合多方面的考察评估会得出一个相对合理的考评结果。

（二）促进高职学生管理队伍的专业化发展

1.确定高职院校学生管理队伍的专业地位

首先必须明确的一点是，学生管理工作并不是毫无专业性的，也绝对不是人们传统观念里的打杂的，什么琐事都需要做。事实上，学生管理是一个具有较强专业性的管理岗位。以美国为例，美国的高职院校学生管理之所以能取得不俗的成绩，就是因为其在实践中逐步形成了完善的高职院校学生管理理论体系，并在高职院校学生管理理论的科学指导下逐渐走上了专业化发展道路。我国近些年才逐渐发展起来的高职院校学生管理，从一开始就站在了较高的台阶上，大量借鉴了西方国家比较成熟的理论和经验，获得了一个很好的发展态势。下一步要做的工作是结合中国国情、中国高职院校的特点，综合教育学、心理学、管理学、社会学等方面的知识，因地制宜地形成属于我们自己的学生管理理论，为学生管理的专业化发展奠定基础。

2.高职院校学生管理队伍建设的专家化

高职院校学生管理队伍的专业化建设急需打造一批专家型的人才，即要加强对高职院校学生管理者的专业化培训，把学生事务管理者打造成某一方面的专家、学者。高职院校不仅是培养优秀学生的地方，也是培养老师的地方。因此，可以借助高职院校的学科优势，着重打造与工作相关的专家型事务管理者。加强对事务管理者的培训，让他们学习管理学、社会学、心理学、哲学、法学等相关专业知识，使他们掌握与学生密切相关的工作方法、工作思路，将在人际交往方面有特长的老师重点打造成人际交往专家；将在心理学、心理咨询方面有特长的老师重点打造成心理咨询专家；将了解国家就业政策、求职技巧的老师打造成职业规划师、就业培训师。这些专家可以是"一专一能""一专多能""多专多能"，不求面面俱到，只要有某方面的特长、专长就行。通过构建专业化培养模式推动学生管理队伍的专业化建设，也将进一步巩固学生管理者的地位。

（三）重组高职学生管理工作教育队伍

高职院校思政教育的队伍创新，可以从五个方面努力和尝试：一是辅导员队伍，不只是依靠班主任，要整合全部学生管理主体，共同承担班级每位学生的思想政治教育工作。二是党建教育队伍，把院系的党建思想教育和学校组织部门的思想教育整合起来，组成一支队伍，连成一体，不再是割裂的、分散而零星的，否则发挥不出应有的作用。三是学生管理部门的教育队伍，应该把学校的学生管理队伍和院系的学生管理队伍对接起来，同步骤，同布置，同安排。四是与思想政治课程有关的任课教师队伍，看起来没有，但这支队伍是存在的，只是比较分散而已，所以我们不能让他们成为课程任课教师的单独个体，要把他们组建成一支思想政治教育队伍，发挥其应有的专业教育先锋作用。五是心理健康咨询教育服务队伍，我们可以整合起来，就是以心理健康教育咨询为主题的活动参与人员都可以组织起来，包括学生和老师，包括院系层面和学校层面，包括有组织的和自发的，也包括学生自发组织成立的兴趣小组的成员。

（四）明确高职管理工作队伍各自的职责

队伍一旦组建起来了，高职院校就要有统一的领导和组织，要先明确各个队伍的职责，职责明，责任清，好落实，才容易出成效。辅导员队伍的职责，要在学生的日常管理中从思想政治教育工作入手来具体明确。辅导员思想政治教育工作要进一步延伸，要深入课堂、深入寝室、深入个人。党建部门教育队伍的工作职责应该是从党员发展的角度出发来开展学生的思想政治教育工作。学生管理部门教育队伍的职责，是结合专项管理开展思想政治教育工作，特别是对特殊学生群体、重点学生人员开展思想政治教育工作。思想政治等课程的专任教师队伍主要是从专业知识的角度出发，更全面、更深入地以更容易被学生接受的方式开展思想政治教育。心理健康咨询教育服务队伍的职责，是以心理健康教育和心理健康服务为主，他们重点关注和瞄准的是学生的心理问题或者是有心理问题的学生，正确引导并帮助学生解决其心理问题，让其心理和思想，快速回归到正常的轨道上来。

（五）提升高职管理工作队伍的管理水平

提升高职院校思想政治教育工作的管理水平，首先要加强党的坚强领导。学生思想政治教育工作预期目标的实现与否，能否在不断落实和改进过程中保障和提升质量，其实关键在于各级党委的正确领导。因为，目前高职院校有些学校党委对其工作重要性的认识仍然存在一定的偏差，他们更多注重的是学生的就业和专业教育学习，对思想政治教育工作的重视程度并不高。其次，我们要依托学科建设进一步提升高职院校学生思想政治教育工作的成效。从某种意义上讲，学科建设是高职院校思想政治教育工作实现科学化的重要途径和平台。思想政治教育工作质量的提升必然要依托学科建设，促进高职院校思想政治教育工作的科学化。所以，高职院校要进一步加强马克思主义理论的学科建设，重点是加强思想政治教育二级学科建设。这样有助于充分运用思想政治教育学的基本原理合理科学开展思想政治教育工作，提高工作的效率，增强客观效果。

（六）加强高职学生管理工作队伍制度建设

高职院校学生管理队伍制度建设要求为学生管理工作的高效、高质开展提供人员队伍方面的保证，可以说，它完成了学生管理队伍建设方面的"硬件"建设。但是，一支优质的学生管理队伍还要靠不断提出新的要求、制定工作规划进行组织培养，才能不断提高管理队伍的思想水平、管理能力和学术水平。因此，必须加强学生管理队伍建设方面的"软件"制度建设。

1. 高职学生管理队伍的岗位责任制度

校学生工作管理委员会主任肩负着统一指导和协调全校学生管理工作的重任，他要根据学校党委和行政学期工作计划制订全校学生工作的学期计划，同时在学期内根据不同年级的不同特点，对阶段性的学生管理工作进行组织、安排和实施；定期分析学生思想动态，为党委和校长对学生管理工作的决策提供准确的材料；安排全校学生管理干部培训，并与人事处一起组织和落实学生管理干部的专业职务评定工作；根据全校学生管理工作的总体要求，协调全校各部门对学生的思想教育、后勤服务、学籍管理等工作。

校学生工作委员会办公室（或学生处）主任在学工委领导下主管全校学生的行政管理和思想教育工作。根据学工委的决定协调有关管理机构的学生管理工作，并积极配合、组织和检查基层学生管理工作；负责奖学金、贷学金的管理、评定、调整和发放；主管招生和就业工作；协助教务处进行学籍管理，办理退学、休学、复学和转学手续；检查和维护教学、生活秩序和纪律；统一处理学生来信及来访工作；负责全校的学生统计工作。

系学生工作组组长在系党总支和系主任领导下，组织实施学生的学习活动和学生管理工作；认真组织和安排好政治学习和形势教育任务；抓好学生中党团的思想建设和组织建设；指导和支持年级辅导员、班主任开展工作；协助班主任做好学生操行评定、"三好学生"评比工作和毕业生就业工作，并努力掌握学生思想特点和发展变化规律，探索学生管理工作的经验。

年级辅导员负责统筹本年级或本专业学生的日常思想政治教育和有关的学生管理工作，在系党总支领导下组织好年级学生的政治形势教育、新生入学教育以及学生在劳动、实习、军训、就业中的思想政治教育工作；负责协调安排本年级学生的社会实践及课外公益等活动；根据本年级具体情况制订学期工作计划，指导、检查班级计划实施情况；对学生的升留级、休学、复学、退学、奖惩、奖贷、品德评定、综合测评、就业等工作提出具体意见；开展对工作对象、任务、方法等课题及有关理论的科学研究工作。

班主任是学校委派到班级指导学生学习、负责学生管理工作，并配合党团组织和年级辅导员开展学生思想教育和管理工作的教师。班主任要坚持四项基本原则；用爱国主义和共产主义思想教育学生；引导和督促学生，指导班级开展各种学习活动，帮助学生改进学习方法，不断提高学习效率，并发挥好教与学之间的桥梁作用；全面了解和掌握学生情况，做好本班学生的品德评定，德、智、体、美、劳综合测评，评定奖学金、贷学金、困难补助、年度鉴定及毕业生鉴定等工作，做好班干部的选拔、培养和指导工作；指导学生的课余生活，加强学生的集体观念，培养团结向上的好班风。

2.高职学生管理干部的评价监督制度

开展学生管理干部的评价监督工作具有多方面的作用：首先，确定学生管理工作的质量标准，建立科学的评价指标体系；其次，评价监督制度能使学生管理干部找出差距、增强自我调节的机能，在优化整体学生管理工作的同时发挥自己的特长和优势，努力创造出管理工作的新局面；再次，它能调动学生管理干部的工作热情，促进职能部门之间的竞争，有力地调动学生管理干部的积极性；最后，实行评价监督制度能够为决策机关在决定管理工作者的职务晋升、薪金（包括奖金）调整、人事调动时提供科学合理的依据，避免凭个人印象决定、论资排辈依次轮流等不合理做法，从而增强学生管理干部的工作积极性。因此，无论从加强管理队伍建设方面，还是从强化管理工作者的素质、能力和工作责任感方面，都必须积极开展管理队伍的评价监督工作。

开展学生管理干部的评价监督工作，最关键的是建立有量和质的概念的管理工作评价监督体系。一般而言，建立该体系应遵循以下几条原则：

①方向性原则。评价学生管理干部的目的在于促进学生管理工作的规范化、科学化，引导学生管理干部立足现象、顾及长远，为培养社会主义建设所需的专门人才这一总目标高效、高质地工作，力争实现学生管理工作的最优化。

②可比性原则。指评价的对象及其评价项目的确定必须有可比性，使评价项目有着基本相同的基础和条件，使个人之间可以按评价项目进行量和质的比较；同时，评价指标本身要尽可能量化，以期在更细的程度上求得同质和可比。对难以量化的指标则进行定性评价，使定量评价和定性评价有机结合起来，从而尽可能真实地反映出一个人的工作状况。

③科学性原则。评价指标体系应能客观、真实、准确地反映各管理干部的工作现状、成绩和水平。各级管理干部的管理工作相对独立而复杂，如年级辅导员，其工作范围非常广泛，所设指标项目不可能面面俱到，只能抓辅导员职责范围中的主要工作和集中反映辅导员工作成绩和水平的重要环节。

④可行性原则。学生管理干部工作评价指标体系应在不妨碍评价结果的必要精确度和可能性前提下，尽可能做到简要明白、简便易行，从而便于评价人员掌握和运用。

第三节　高职学生管理工作者的素质要求

一、高职学生管理工作者素质修养的重要性

近年来，社会政治、经济环境的不断变化，不仅引起了人们经济生活的重大变化，而且也引起人们生活方式、思维方式和精神状态的重大变化。这些变化促使高职院校学生管理系统中两个活跃因素——管理干部和青年学生空前地活跃起来，成了管理活动中最有生机而又不甚稳定的因素。

随着现代科学技术的迅速发展，网络等社会传播媒介的作用越来越突出，高职院校学生管理活动也将受到越来越大的冲击。在这种形势面前，若只用传统的

管理思想、管理方法、管理手段去进行经验管理，势必会遇到不可克服的矛盾。因此，高职院校学生管理工作者必须加强素质修养，完善自己的知识结构，更新工作理念，改进工作方法，以增强管理效果。

学生管理工作是培育人的工作，必然要求管理工作者首先具有较高的素质修养。高职院校的根本任务就是为社会主义建设培养大量德、智、体、美、劳全面发展的人才，其毕业生将成为社会主义建设各条战线上的骨干力量，他们的政治思想素质、精神状态将决定国家和民族的未来。学生管理工作者和教学工作者一样都肩负着重要的使命，广大管理工作者必须善于研究学生思想和行为的活动规律，既要善于掌握学生共有的思想活动规律，又要了解不同学生的不同思想活动规律；既要了解学生共有的心理活动，又必须了解不同学生千变万化的心理活动，并根据学生思想和心理活动的共性和特性有的放矢地开展管理、教育工作。

新形势、新环境下的学生管理工作，必然要求管理工作者的素质修养具有时代精神。应当承认，在改革的时代出现了许多新的管理内容、管理形式和管理方法，在还没完全学会的时候，实际生活又对我们提出了许许多多新的挑战。管理者的管理对象也在发生变化，现代的学生较以前的学生来说，他们的政治素质、文化水平正在不断地变化和提高，他们对社会生活的介入越来越深，他们的思想、观点及成果同社会进步、国家兴衰有着至关重要的联系。因此，这种情况给学生管理工作带来了一定的难度，需要管理者进一步加强管理的预见性、警觉性、原则性、示范性，需要更新观念，跟上时代步伐，增加知识，提高本领。

二、高职学生管理工作者应具备的素质

（一）政治素质

高职院校学生管理人员目前担负着重要的任务，尤其是随着高职院校教育大众化时代的到来，他们的管理对于人才的培养更显得举足轻重。除了要以正确的思想引领人，同时还要宣传和贯彻党的路线、方针和政策，帮助学生树立正确的人生观和价值观，鼓励他们将才华奉献给人类。因此这对辅导员的自身要求是比较高的，他们自身必须忠诚于党的教育事业，了解党的教育方针和政策，在原则和立场上不能背离社会主义方向。这不仅仅关系到学生的命运，而且还关系着国家的命运。学生是促进社会经济建设和发展的主力军，如果他们走向社会后在时代的大潮中迷失方向，必然给国家带来巨大的经济损失和危害。这就要求高职院校学生管理人员要注意以先进的事迹来鼓舞学生，以优秀的作品来塑造学生，以先进的思想来武装学生的头脑，使其有过硬的思想素质，能够紧跟时代步伐。因

此，高职院校学生管理人员要定期参加培训，通过参加培训、阅读理论书籍来武装自己的头脑，真正担负起培养祖国建设者的重要使命。

学生管理者的政治素质有多方面的含义，并不是通常人们想象的那么简单。在广义上包含三个要素：政治理论水平、思想觉悟程度和管理者的道德水平。要使学生形成正确的思想，管理者必须先拥有正确的思想，因此他们要努力学习马列主义等理论，并且结合我国的国情掌握社会主义理论知识。还要关心国家大事，及时了解国家的政策，使自己的思想能跟上时代步伐。同时，也不能光有丰富的理论，还要学会用理论来指导实践，解决学生现实中存在的思想问题。作为学生管理者，他们也必须具备良好的道德品质，做学生的表率，同时要有高尚的师德，有爱岗敬业的精神和无私风险的精神。

（二）专业素质

当今的年轻人思维活跃、思想开放、价值多元化，要想在生活中赢得他们的尊重、佩服和信任，就要求学生管理者具备敏锐的思维和多元的知识，要在工作实践中逐步建构自己充满活力和高效运作的知识结构，能够根据不断变化的现实环境迅速寻找到合适的方式或方法，达到预期的教育目的。

学生管理者合理而高效的知识结构，应将包括马克思主义关于人的本质及全面发展的理论等核心理论作为基础学科知识。同时，还应将教育学、政治学、心理学、社会学等本体学科知识，以及哲学、历史、艺术、文学、常识、自然科学及其他社会科学（包括经济学、人类学、文化学等）的相关学科知识作为外围知识层次。另外，在工作实践中，还应包括演讲、写作、社会调查等操作性学科知识。

高职院校学生管理工作本质上是一项育人的工作，作为一种专业性很强的工作，它有自身的特点和规律。从事管理工作的人员不仅要了解和熟悉其工作特点和性质，还要具备一定的专业知识，包括与思想政治教育内容相关的专业知识。作为高职院校教师的一员，负责高职院校学生管理工作的辅导员如果没有高深的理论知识很难担当起培育高素质人才的重任，因此必须掌握高职院校德育工作的相关知识和内容，参与德育方法和途径的探讨。善于借鉴和学习先进的管理经验，使工作效率提高。有的高职院校辅导员教育学生的方法简单、单一，没有多渠道、深层次地达到教育的目的，工作流于形式，未能落到实处。当前，我国高职院校的管理人员呈现年轻化的趋势，他们有朝气，有活力，能走近学生、亲近学生，善于沟通，但因为其学术地位的低下，又很难使学生做到"亲其师而信其道"，他们在面对很多复杂的问题的时候因为经验的缺乏也常常手足无措。因此为了应对各种新的要求和复杂的局面，还要加强知识储备，以及提升应变能力。这就要求管理人员先修内功、外树形象。

学生管理者应当有扎实的业务功底，还应当具备全面的知识，这些知识涉及方方面面，包括思想政治知识和人文学科知识。首先，在思想政治知识方面，比如教育学、社会学、伦理学等知识都要有所涉猎，应将这些知识在头脑中建立一个系统的体系。其次，要学习与思想政治原理和方法相关的一系列人文学科知识，如美学、哲学、社会学等。再次，为了走近学生、便于沟通，还要学习文艺、体育等知识，同时对历史、科技等方面的知识也要了解。最后应该掌握互联网知识，如建立微信班级群、建立年级 QQ 群，及时发布信息，通过网络和学生沟通，贴近他们的生活。

（三）纪律素质

负责学生管理工作对管理人员的要求是比较高的，必须具备"整体一盘棋"的大局意识。负责学生管理工作的必须是作风正派、品质优秀的人，他们能够肩负起身上的重担，关键时刻能够冲在前面；工作有魄力，一切以学生的利益为中心，将学生满不满意作为衡量工作效果的标准。在生活中把学生当作自己的亲人和朋友，当他们有困难的时候能够想学生之所想、急学生之所急。对学生做得好的方面要给予充分的肯定和鼓励；当他们做错事的时候要循循善诱、因势利导、以理服人。要允许学生犯错误，但对他们的错误不能姑息迁就，而是耐心教育，达到"随风潜入夜，润物细无声"的管理效果。因此，我们把高职院校的管理工作者看作学生心灵的导师，同时也是他们生活中的朋友。

（四）心理素质

高职院校学生管理者要在对学生管理的过程中洞察他们的心理，随时关注他们的心理状态，关注这个年龄段学生的心理特征，了解影响他们心理的因素。如教育他们树立良好的交友思想，包括处理男女之间的情感。还有他们面临毕业时的就业压力，有些学生家庭贫困，觉得辛苦读了几年大学，如果找不到好工作就无脸见江东父老；或者受陈旧思想的影响，认为一定要找到一个稳定的工作。为了减轻学生的压力、扫清他们的疑惑，这个时候辅导员就要耐心细致地做好学生工作，帮助他们树立正确的就业观。

要对学生进行思想政治教育并且取得理想效果，这就要求管理人员自身的心理素质过硬。自己具有良好的心理素质才能以现身说法的方式打动学生的心灵；否则的话，以其昏昏怎么使人昭昭？良好的心理素质可促进工作的顺利开展。

1. 高尚的道德品质

学生管理者与学生朝夕相处，通过为学生提供各种形式的服务来达到育人的目的。学生管理者高尚的道德品质在教育过程中能够形成潜移默化的力量，在有形和无形中陶冶学生的情操，影响和感染学生。这种影响在学生的灵魂塑造中是其他任何方面的影响所难以企及的。

2. 良好的认知能力

目前，心理学家更倾向于用认知来描述个体在认识方面的能力。认知既包含了一种动态性的加工过程（认识），又包含了一种静态的内容结构（知识）。良好的认知能力应是敏锐的观察力、丰富的想象力、牢固的记忆力和良好的思维能力的综合。其中，学生管理者的观察力应具有客观性、全面性和敏锐性。客观性是获得各种信息的基础；全面性则保证获得信息的完整性、保证判断的周全性；敏锐性是及时捕捉学生中的各种信息和及时决策的重要条件。良好的想象力和思维品质是培养创造力的基础，也是对问题进行推断和解决的基础。总之，良好的认知能力是学生管理者应该具备的基本素质，关系到为学生服务的效果。

3. 健全的情绪情感

学生管理的工作对象是学生，这就决定了对情绪情感的把握是工作中的必需环节。这里所指的情绪情感包括两个方面：第一，学生管理者对学生的情绪情感。热爱学生是学生管理者教育学生的基础和起点，是做好学生工作的前提，只有热爱学生才能对学生怀有深厚的感情。通过深入了解学生，细致分析学生的种种思想、行为、表现，发现他们身上的优点和不足，然后有针对性地开展教育和服务，对他们的进步与成绩进行强化，以引起他们的自豪感和自信心。第二，学生管理者自身的情绪情感。学生正处于情感丰富但情绪不稳定的心理发展阶段，学生管理者每天要和许多学生接触，在管理和教育活动中可能出现偶发事件，只有善于控制自己的情绪情感才能妥善处理偶发事件。同时，只有善于控制自己的情绪情感才能保持愉快的心情和积极的热情。

当然，学生管理者的心理素质还应该包括不屈不挠、不断进取的意志品质和宽容大度、谦虚谨慎的性格等。这些都是学生管理者应该具备的良好素质，关系到为学生服务的效果。

（五）综合素质

高职院校学生管理者除了具备良好的心理素质外，还要具备一系列的综合素质，如语言表达能力。辅导员经常布置工作和组织活动，必须具备良好的语言表达能力。同时，作为活动的组织者和决策者，也必须具备领导组织能力和决策能力。还要有对事情的分析判断能力，如学生中出现矛盾和纠纷需要辅导员协调的时候，要能够分析判断出事情的大致情况从而查个水落石出，使矛盾双方心悦诚服。

作为高职院校的学生管理者要有精深的学问，既要读万卷书，知晓天文地理，又要行万里路，扩大自己的眼界，对来自五湖四海的学生的生活习惯、民俗习惯了如指掌。当代学生生活在这个信息时代，他们知道的知识是很多的，这就要求学生工作者也要在工作中不断丰富自己的学识和见闻，既做人师，又做经师。同时要注意工作中的创新，只有不断创新才有可能开辟一条专业化成长之路。一切的因循守旧必将导致停滞不前，只有不断改进和总结工作方法，方法正确、科学，贴近时代和生活，才能使学生工作焕发出旺盛的生机和活力。

三、高职学生管理工作者提高自身素质的创新路径

（一）重视激发自身主观能动性

高职院校辅导员应秉承"为他人工作的同时也是为自己工作"这一人生理念，热爱这份职业，竭尽全力为学生服务，充分发挥自身的主观能动性，尽自己最大的努力坚守好自己的岗位。首先，高职院校辅导员要增强专业化发展的自觉性和内生动力，通过自我调整、自主规划、自主提升激发自身的工作积极性，以学生为中心，积极主动发声，做好学生的思想引领工作。其次，高职院校辅导员要明白自身的工作应该以生为本，要将学生的需求视作头等大事，平时多和学生进行沟通交流，将自身视作高职院校人才队伍的重要组成部分，成为学生成长过程中的人生导师和知心朋友；并将立德树人作为工作的首要准则，不辞劳苦，甘于奉献，以服务学生为荣，发自内心地热爱这份光荣的职业，愿意为这份职业奋斗一生，奉献出自己的全部力量。最后，高职院校辅导员应认识到自己在高职院校开展学生思想政治工作中起着至关重要的作用，要懂得爱岗敬业，把自己的事业作为世界上最神圣的事业来看待；要把高职院校辅导员工作当作终身事业，从本职岗位做起，一丝不苟，勤勤恳恳，努力提高自身工作积极性。高职院校辅导员要矢志不移、目标集中地发挥自身的作用，科学高效地开展学生工作，充分发挥主观能动性，更好地培养出新时代复合型人才。

（二）不断强化自身创新意识

高职院校辅导员要想成为学生创新环境的创造者，同时也成为学生创新意识的重要培养者，务必要充分重视自身创新意识的有效培养。高职院校辅导员要结合新时代意识形态工作的特点树立创新态度，强化创新意识，用创新思维打破思维定式，创新工作思维和方法，既重视自己的思想和管理的创新，也重视内容、方法的创新，并能对学生思想政治工作中出现的问题做出具有时代性的解答，以增强思想政治工作效果。

首先，高职院校辅导员要创新工作理念。随着新时代的到来，高职院校辅导员要顺应时代发展，增强新媒体意识，利用大数据技术更加全面、更加多元地了解当代学生的真实思想状况，不断更新与创新育人观念，始终保持创新的思维和战略定力，发挥奋发向上、勇于担当的精神，第一时间获取学生的思想动态，以便有效增强学生思想政治工作时效性。

其次，高职院校辅导员要不断创新工作方法和内容。对于高职院校辅导员来说，高职院校思想政治工作方法并不是一成不变的，是需要与时俱进的，要紧跟时代潮流，确保高职院校辅导员学生思想政治工作的顺利进行。高职院校辅导员要有效地运用新媒体以及科学技术，让学生充分理解习近平新时代中国特色社会主义思想及社会主义核心价值观等理论知识，为学生讲解新媒体视域下的各种思想道德问题等。同时，高职院校辅导员要不断创新工作方法，可以结合当前的社会热点来进行，以各种社会发展现实情况为出发点，指导学生养成良好的道德修养，培养学生良好的道德品质。

最后，高职院校辅导员要创新思维，培养创造性和批判性思维。高职院校辅导员应具有批判性思维，要重视创新意识的培养。高职院校辅导员的创新思维培养重在从战略高度把握高职院校思想政治工作，充分发挥辅导员在高职院校思想政治工作中的战斗堡垒作用。特别是要以习近平新时代中国特色社会主义思想为理论指导，提升思想政治素养，弘扬社会主旋律，不断创新思想政治工作思路与方法，切实增强思想政治教育和价值引领的针对性和实效性。

（三）努力提升自身专业化能力

高职院校辅导员是一个特殊而神圣的岗位，新时代复杂多变的社会环境要求高职院校辅导员既要有较高的理论素养，还要有较强的业务本领和专业技能，更好地为学生成长成才服务。要想真正做好高职院校辅导员工作，就要不断加强理论学习，努力提升自身专业化能力和水平。

　　首先，高职院校辅导员要多维度、多层次丰富理论知识，如政治学、管理学等相关知识，在重视学生的学习基础上更要加强自身的理论学习，不断给自身"充电"。除了学习一些专业知识外，还应该掌握一些其他方面的知识以丰富自己的精神世界。

　　其次，高职院校辅导员要努力提高自身的政治素养。高职院校辅导员的首要职责是开展思想政治教育，主要任务是完成高职院校立德树人工作，自身必须做到德才兼备。只有理论上清醒，政治上才能坚定。高职院校辅导员首先必须具备一定的马克思主义理论基础，全面了解党的路线、方针和政策，以习近平新时代中国特色社会主义思想武装自己，从新时代中国特色社会主义先进文化中汲取养分，培养自身的文化品格；并学会运用思想政治教育的基本理论、方法分析问题，学深悟透、融会贯通，不断强化自身理论学习，提高专业化能力。通过自己的政治立场来引导、教育和影响学生，促使学生筑牢信仰的基石，把稳思想的船舵，提高政治站位，坚定实现中华民族伟大复兴的理想信念，努力成为新时代砥砺奋斗的追梦人。

　　最后，要提升高职院校辅导员自身的能力素养，尤其是处理突发事件的能力。高职院校辅导员队伍是学校党政干部的后备人才库，要结合学生工作实际不断提高自身能力素养，以"立德树人"之心呵护学生成长成才。而基于高职院校辅导员的工作性质和工作对象的诉求，高职院校辅导员在实际工作中会面临各种各样的突发性事件，因此高职院校辅导员自身能力素养中处理突发事件的能力更是重中之重。在遇到突发情况的时候，高职院校辅导员要能够沉着冷静地根据掌握的信息对突发事件进行初步分析，准确分析事态起因，做好充足的准备以沉着冷静地应对突发事件，保持积极乐观的心态，协调好各个部门迅速妥善处理应急事件；并能熟练利用相关理论做好公共危机处理，时刻关注危机事件的发展动态，控制事件局面，并做好后续追踪工作，以实际行动守初心、担使命，最大限度地减少危害带来的影响。

第七章　多元视角下高职学生管理工作的创新策略

在高职院校的管理工作中，学生管理工作是其重要的内容，它直接反映了高职院校的管理水平。近年来，随着我国高职院校扩招政策的不断强化与实施，大学生的数量也呈递增趋势，这给高职院校的学生管理工作带来了巨大的考验。同时当前信息化、网络化、经济全球化的不断推进，也给高职院校管理工作带来了巨大的挑战。高职院校的学生管理工作应该顺应时代发展趋势进行创新，提升管理水平。本章分为"互联网＋"背景下高职学生管理工作的创新、大数据背景下高职学生管理工作的创新、微时代背景下高职学生管理工作的创新、自媒体背景下高职学生管理工作的创新四部分，主要包括增强学生网络法治意识、强化网络思想政治教育、充分利用网络资源、提高学生管理数据利用率、强化专业大数据分析团队建设、创新大学生管理工作理念等内容。

第一节　"互联网＋"背景下高职学生管理工作的创新

一、增强学生网络法治意识

当前，我国关于网络的法律法规并不完善，高职院校对大学生网络法治意识与网络文明意识的宣传教育力度不足，加上对大学生的网络行为缺乏正确、有效的引导，导致大学生网络法治意识与网络文明意识普遍不强，从而造成大学生网络行为规范缺失。高职院校作为大学生网络法治与文明建设的主要场所，并未有效占领网络法治文明系统建设的前沿阵地，未能形成良好的校园网络文化氛围。针对这一现象，首先，国家要根据网络发展的新情况和新问题及时制定和出台一系列适应网络环境快速发展的新法律法规，不断提高打击网络犯罪与网络不文明行为的能力。高职学生管理人员要加大对学生开展网络普法教育、网络安全教育和文明上网教育的力度，积极引导学生以遵纪守法为荣，对有关网络法律问题进行主动思考，如利用社会上的一些典型案例教育学生触犯网络法律应承担法律责任，以示警醒；同时，可在学校相关网站或 BBS 社区上开辟寓教于乐的法治教育网页，设立在线互动答疑等栏目，发动学生积极参与；对网络违法现象与不文明行为进行深入探讨，在潜移默化中增强大学生的网络法治意识与网络文明意识。其次，必须坚持他律与自律有机结合，倡导在学生群体中形成互相监督、合法文明使用网络的氛围。杜绝学生对网络违法与不文明行为进行包庇与谅解，使学生分散的网络文明行为凝聚成有组织的共建网络文明的行动。在这一过程中，应充分发挥学生党员的模范带头作用，培养一支政治立场坚定、作风正派、网络技术过硬的学生党员队伍，充当网络文明使者；同时利用他们来自学生当中、便于与学生沟通、易于被学生接受认可的优势，引导大学生树立正确的价值观，使他们肩负起宣传网络法律法规、倡导网络文明的重任。

二、强化网络思想政治教育

网络具有开放性，完全打破了原有国家、社会之间的界限，将世界各国都紧密联系起来，不同意识形态之间的思想碰撞和文化冲突达到前所未有的程度。一些别有用心的西方国家借此机会通过网络平台对我国进行意识形态上的渗透，大肆宣扬西方的文化理念、政治制度等，散布影响社会稳定的言论和信息，以此来削弱我们对马列主义等主流思潮的信仰，淡化我们的民族意识。部分思想和"三观"尚未成熟的大学生在如此强烈的多元文化碰撞下逐渐迷失了自我，对原有的主流理想信念产生怀疑，造成政治观念的淡漠、价值观念的偏离，甚至部分学生中出现极端个人主义、拜金主义等思想。

高职学生管理人员必须抢占网络高地，通过网络平台创建"红色网站"，在校园网上设立理论专区，构建思想政治教育阵地。一方面，高职学生管理人员应高度重视大学生网络民意的表达，掌握大学生的思想动态，对大学生关注的热点、难点问题在网上给予及时的回应，做好疏导工作。我们应该想办法深入学生喜欢参与交流和讨论的网上社区、网站和聊天室等，积极与学生互动交流，及时了解大学生的网络情绪。特别是针对一些学生关注的重大政治、意识形态等敏感问题，要及时在网上进行旗帜鲜明的正面引导。在引导过程中要注意坚持柔和的交流态度，言之有理，言辞恳切，力求把一些尖锐的矛盾化解在萌芽状态。同时，要尽可能团结好网络中的骨干活跃人员。在网上敏感话题的争论中，网络上的骨干活跃人员的行为对普通网民有巨大的影响力，要积极利用他们的正面影响力，教育和带动更多的网友理性、成熟地思考问题。另一方面，要建立网络舆论突发事件应急机制。突发事件发生后，通过网络广泛、覆盖面大的信息平台将真实情况直接发送给每一位学生，提高组织传播的效率，减少信息在多层传输过程中的人为减损，防止学生被不实信息误导煽动而引发更大的混乱。

三、充分利用网络资源

在现阶段的实践中，网络技术与资源在高职学生管理工作中的应用还处于初始阶段，有些工作还停留在"面子工程"的层面上，没有落到实处。要切实在网络上开展学生管理工作，必须坚持管理与服务相结合的原则。一方面，要增加校园网络的信息量，在校园网络平台上，除了能查询到学校的各种方针政策、规章制度和通知等常规信息外，还应包含各种大学生常用的学术、生活和社交网络资源，努力把校园网络建设成一个便于大学生学习、生活的综合性平台。另一方面，拓展针对学生的网上服务空间，如开展网上心理咨询、网上就业信息咨询、勤工俭学信息咨询、网上社团活动等，努力利用网络的优势来消除某些管理工作或服务在现实操作中的局限性，开创高职学生管理工作的新局面。例如，大部分心理有问题的学生都不太善于交流和沟通，而网络可以为了解学生心理动态和学生进行心理咨询提供一个全新的平台。通过网上心理咨询服务，可以消除面对面的尴尬，避免现实交流带来的障碍，可以慢慢地了解问题学生的心理，使其敞开心扉地宣泄内心的情绪，教育管理者可以对症下药，准确地引导学生的行为。

四、重视网络德育工作

在网络化的趋势下，网络为人类开拓了另一个道德空间，也为高职学生管理工作开辟了一个新的管理领域。

（一）开辟网上德育新阵地

高职院校要牢牢把握网络德育的主动权，充分利用网络传播速度快、信息容量大、覆盖面广及交互性强等优势，开辟、占领网上德育新阵地。建立一批具有鲜明马克思主义立场、观点的德育专题网站，大力弘扬中华民族优秀文化，用科学、健康的思想文化占领网络阵地；依托其他网站进行外围性教育，利用校园网建设好集思想、知识、趣味、服务于一体的主题教育网站或网页，形式灵活以增强吸引力和感染力，密切关注网上动态，加强与大学生之间的沟通与交流，形成网上网下思想教育的合力。当然，开辟网上德育新阵地并不难，难的是如何提高其时效性，我们要利用网络科技手段加强对大学生的正面引导，净化网络文化环境，及时清除信息垃圾，增强网络环境下思想政治教育工作的渗透性和感染力，使网络真正成为大学生求知的渠道、德育的课堂、精神的家园。

（二）将网络教育纳入日常管理

随着网络这种势不可挡的发展趋势，高职学生管理者要将网络教育列为日常管理的一个新的重要内容，引导大学生端正上网动机，正确使用网络。首先，要让他们充分了解网络的功能和特点，掌握网络操作技能，自觉地把网络当作学习、工作的工具而不是游戏和聊天的空间。其次，加强网络道德教育，培养大学生的网络道德素养，教会大学生正确使用网络的方法。最后，要特别关注对新生和毕业生的教育和管理。新生自我管理能力弱，对学校管理还存在诸多不适应，如果不注意防微杜渐，一旦让学生养成不良的上网习惯，后面一般很难纠正。毕业生由于学业和工作的双重压力，极易沉迷网络、在网络上宣泄情绪。对于这类学生的网络教育应常抓不懈，这样才能引导和帮助学生顺利实现"高中—大学—社会"的过渡。

（三）引领校园网络文化主流

短短数年间，互联网以不同寻常的速度进入百姓之家，网络文化也随之而产生。网络文化是人们在互联网这个特殊的世界中，进行工作、交往、学习沟通、休闲、娱乐等所形成的活动方式及其所反映的价值观念和社会心态等方面的总称。网络文化是一种高度开放的文化，内容良莠不齐和鱼龙混杂，如果不用主流文化去引导，网络上的精神垃圾就会乘虚而入。因此，就校园文化建设的目标来讲，应该充分认识到校园网络文化建设的重要性，积极应对网络文化对校园文化的影响，让校园网络文化成为大学生的第一个网络视角，把校园网建设成思想交流的园地。

高职院校应加强网络文化建设，积极打造主题鲜明、清新健康、丰富多彩、阳光且贴近大学生生活、心理的网络文化以占领网络阵地。要不断地将党的方针政策和文明健康的文化信息输入网络，比如引入"中国梦"主题。用这些正面、思想性强的网络文化包围学生的外部环境，让更多的学生吸取营养、陶冶情操，增强自觉抵御不健康思潮的能力。只有营造良好的校园网络文化环境，通过非强制性的引导让大学生在多元化的价值体系下学会辨别是非，树立正确的人生观、世界观、价值观，抵御不良文化的侵蚀，才能为实现良好的学生管理奠定基础。

（四）坚持引导，适度管理

网络德育属于现代德育的范畴，是以网络为载体开展的德育，又是针对网络影响而展开的德育。网络不是一个完全虚拟的世界，网络的终端都是由活生生的人操纵着，他们的思想、情感与网络交织在一起。不少学生的网瘾问题是自身存在缺陷的人格和网络中的不良因素共同作用的结果。高职学生管理者要改变先训斥后说教的教育方式，换位思考了解学生的想法，了解问题产生的原因，有针对性地引导他们认识自我，让他们从内心认识到自己目前的状况以及需要调整的方向，在外部环境上对他们适度管理、加以约束，让他们知错能改、肯定自我。对于重复出现的类似问题需要顺势而为，深入挖掘更深层次的问题，应整理相关资料进行全面总结，避免经验固化。工作中要多引导，对于问题学生可以采用后续跟进的方法，从总体上把握管理过程，防止突发状况以免措手不及。

五、提高学生管理网络技术应用能力

高职学生管理所处的环境发生了变化，网络信息技术的快速发展向传统的高职学生管理理念与方式提出了新的要求，这是新时期高职学生管理工作必须正视的现实环境。学生管理人员要想有足够的能力应付新的教育管理环境中出现的新问题，必须提升自身的信息素质，提高现代网络技术应用能力，充分利用网络资源优势拓展高职学生管理工作的空间，增强学生管理工作的针对性和实效性。

高职学生管理者要抢占网络高地，建立属于自己的网络构架，注重网络社团、BBS 社区、微博、QQ 等网络媒介在工作中的运用，努力实现班级管理网络化，提高工作效率，使大学生提出的意见更有机会传达至管理中心，从而改变以往信息不畅，具体管理工作、措施与现实脱节的被动局面，增强学生管理工作的针对性和科学性。

此外，基于传统的教育理念，学生对老师都既敬又畏，在老师面前难以敞开心扉，真实地表达自己的所思所想。而网络隐秘性与虚拟性的特征使网络交流少了现实中面对面交流的尴尬和顾忌，现在大部分学生都热衷于通过网络平台表达自我，很多时候都会把自身的心情、心态或者对事件的观点及时通过网络表达出来。这样的情况导致管理者对学生的思想难掌握，对问题难发现，久而久之，师生关系也由此而渐行渐远。学生管理者应多关注学生在网络上发表的信息，可以及时掌握学生的思想动态，从而对症下药，将一些不良的思想遏制于萌芽状态。相对于以往传统、低效的育人管理环境，当前高职学生管理工作成败的关键在于管理人员是否能够在第一时间准确地获取高质量的信息，只有在知己知彼的情况下才能做出正确有效的决策。

六、注重线上管理与线下管理相结合

无论信息技术发展如何迅猛，网络技术与高职学生管理工作结合得如何紧密，高职学生管理人员必须明确，学生管理工作不是做"虚拟世界"的工作，而是做"虚拟世界"背后的学生主体的工作。利用网络平台开展高职学生管理工作要做到网上管理和网下管理相结合，做到以情感人、以理服人。同时，加强校园中的软件和硬件建设，增强现实空间对学生的吸引力。部分大学生沉迷于网络的虚拟空间，也是由于在现实世界中他们的很多想法和诉求都得不到满足，只能在虚拟世界里寻求慰藉。为改变这一局面，学校要多开展受学生欢迎、易于被学生接受的校园文体活动，尽可能使所有学生的心理诉求在现实中得到满足，让他们有平台与机会能各尽其能，从而增强现实校园对学生的吸引力，增强学生的幸福体验。

综上所述，随着信息时代的到来，在人们生活或学习的各个领域都能看到互联网的影子。互联网用其多种功能不断地丰富着人们的生活和阅历，将各种思想和信息有效地传播。因此，互联网在学生思想教育和管理工作中发挥着重要的作用。现阶段，很多学校鉴于学生不断增长的网络需求及互联网极强的功能，逐渐建立起网络平台。网络平台在学生思想教育和管理工作中发挥了不可代替的作用，工作效率也逐渐得到提升。

七、加强网络管理队伍建设

（一）管理者要树立互联网思维

"互联网＋"对高职学生管理工作产生的影响是多方面且深远的。管理者必须具备创新意识，能够主动适应这种新环境，树立互联网思维，才能实现新时期学生管理工作的高质量开展。管理者的互联网思维主要体现在：其一，要主动学习使用各类新媒体工具，与当代大学生融为一体、加强互动。利用他们在网络上发表的一些意见，近距离地了解大学生的思想动态、心理状况，从而把握好管理的重点与方向。其二，要利用互联网拓展学生管理新渠道，把握网络教育的主动权。例如，在校园网站上开辟"弘扬优秀传统文化"专栏，为大学生的思政教育、道德教育提供素材。加强校园网络文化建设，为大学生提供文明、健康的网络环境。发挥环境的熏陶、浸润作用，有助于减少学生管理工作的阻力。

（二）建立一支高素质的网络德育队伍

网络德育工作者既要有较高的政治理论水平、马列主义理论修养，又要能熟练地使用网络、参与网络、驾驭网络，还要有快速的反应能力和强烈的开拓进取精神。这支队伍既要当好人类灵魂的工程师，又要当好德育网站建设的工程师。各高职院校要按复合型人才的要求对德育工作者进行培训，既要提高他们的业务素质，又要提高他们的技术水平。网络德育将最大限度地实现德育队伍的社会化，使高职院校的每个成员参与德育成为可能。因此，应当吸纳一批德育兼职人员，包括精通网络技术并经常上网的党员网民、BBS 的版主以及具备较高思想政治素质的网络编辑、网上"垃圾清扫员"等。只有高素质的德育队伍建立起来了，才能增强德育的效果。也只有使德育队伍社会化了，才能使德育真正成为德育场。

（三）加强网络伦理道德教育

进入互联网时代，我们比以往任何时候更需要进行网络伦理道德价值观教育。为了更好地为学生提供理论上的指导、思想上的启迪，管理者首先要注意自我修养、自我提高，加强道德自律，正确面对网络信息给当代大学生教育和管理所带来的影响。管理者应当积极面对网络时代的挑战，以人本关怀的工作理念改善大学生网络道德认知体系。在工作中注意培养大学生良好的信息素养，抵制和消除垃圾信息及有害信息的干扰和侵蚀。管理人员要具备丰富的网络基础知识，充分利用网络技术增强大学生的伦理意识和道德责任感，引导学生养成良好的道德习惯，遵守网络规范。

时代的发展要求我们要改变现有的管理观念，能够充分开发、组合和利用信息资源，使用多样化的管理手段和方法，克服管理人员自身的局限性。对管理人员信息素养的培养应考虑管理者教书育人的职业特点，至少注重两种基本能力的培养：①利用计算机和网络等信息技术手段获取信息的能力；②利用计算机和网络等信息技术手段实施管理的能力。管理人员首先应熟练运用网络管理手段，这样才能管理好学生，在管理上有所创新。

（四）加强辅导员队伍的职业化发展

高职辅导员工作职业化，是指高职院校辅导工作作为一种专门职业，有自身不可替代的职业要求和职业特点，有相应的职业培养机构和职业标准保障制度，有相应的社会地位和经济地位，具有专业化、社会化、专职化、稳定性的基本特征。建设逐步建立严格的资格准入制度、科学的工作规范、有效的评价激励机制、合理的职业发展阶梯和深厚的学术支撑，使辅导员成为学校中不可或缺、具有吸引力的工作岗位，使辅导员队伍职业化、辅导员的工作成为优秀人才能够终身从事的事业。

随着国内外政治、经济形势的变化、社会分工的细化，大学生中出现的问题日益增多，高职管理者职能内涵不断扩大。高职学生管理者的职能从"单一"转为"多元"，要求既要做好思想政治工作，又能坚持个人的业务学习，还能担负一部分的教学任务，从简单的政治管理转向政治与专业教育并重，突出又"红"又"专"。职业化要求辅导员逐步向"专家型"教师发展，成为学生思想政治教育、日常管理、心理咨询、就业指导等方面的专家。在工作中掌握学生管理工作的相关理论，还要综合运用这些理论，在实践中探索适用于新环境、新时期学生特点的工作技术和方法。网络环境为学生管理提供了更广阔的平台，比如辅导员可以通过微博、QQ 空间了解学生的思想动态，引领舆论风向，打造健康文化，选择各种生动有趣的教学形式和内容来吸引学生、感染学生、影响学生，让学生在快乐中接受正能量。

第二节　大数据背景下高职学生管理工作的创新

一、加强信息化建设，提高学习管理效率

《国家中长期教育改革和发展规划纲要（2010—2020 年）》中提出："关心每个学生，促进每个学生主动地、生动活泼地发展，尊重教育规律和学生身心发展规律，为每个学生提供适合的教育。"但由于人力、物力等方面的限制，单纯依靠传统的学习方式很难实现学习和管理的个性化。大数据理念和技术在为管理者和教育者提供一种新的解决问题的思路的同时，大大减少了其工作量，使其有精力关注一些有特殊需要的学生以及进行一些创新工作。

大数据背景下的学习管理信息化建设的实施思路有以下几点：

（一）学习内容和方式的数字化

仅依靠传统的学习方式难以满足学生发展的需要，网络学习资源可作为一种补充方式，大数据技术的发展也为学习资源的数字化提供了技术支持。学生对哪些内容感兴趣、以何种方式学习、花费时间的多少等信息可以通过信息采集方式来获得，这样能够真实地了解学生学习情况，并且为接下来的分析工作奠定基础。

（二）进行数据深加工，挖掘隐含价值

人本管理理论所提倡的挖掘人的潜能的观点依赖于对学生情况的充分了解，结合管理过程中存在的资源利用率低等问题，数据深加工可在一定程度上提升资源的利用率，为决策和开发提供依据。在学习过程中生成的数据隐含着学生性格特点以及学习方式等信息，具有较大价值，需要依靠相应的储存技术、数据挖掘技术以及可视化技术使其中隐含的价值得以显现，发现不同学生的性格特点和学习方式。

（三）实现个性化学习

在传统学习方式中，缺少个性化管理是最为突出的问题，人本管理理论认为优质的管理应以人为本，满足不同学生的需要，所以个性化学习是学习管理系统设计的重点内容。了解到学生的学习特点和行为习惯后，可根据其个人情况推送相应的学习内容和资源，在线学习和数字资源的应用使个性化学习的实施成为可能。在实施过程中获得的数据，一方面可以用于对本次个性化教学进行评价，另一方面可以作为了解学生此时学习状态的最新数据，从而体现出大数据时代学习管理的特点。

根据高职院校学生的课业特点以及认知发展规律，高职院校学习管理信息化建设可分为四个部分：

第一部分：学习应用过程。该部分整合高职院校学生的不同学习方式，并将不同方式产生的学习信息进行量化，以数据的形式进行输出，为数据库建立提供信息来源。同时，学习应用区可以根据反馈信息为学生提供学习内容或个性化指导方案，从而实现高职院校学生学习的良性循环，其中包括课堂学习、在线学习、在线考试、查询与反馈以及学习指导等内容。

第二部分：数据整合过程。把学习应用区、资源管理区和系统管理区的数据整合到学习管理数据库中，并将这些数据上传至云管理数据库，与其他系统所获取数据融合，从而实现数据共享与云存储。云管理数据库是一个综合性整合平台，除了汇集学生学习数据，生活、健康、就业等信息也可汇聚于此，构成一个全方位、立体式的学生管理平台，在避免信息孤岛的同时也为数据分析奠定了坚实的基础。

第三部分：数据处理过程。该系统主要是通过数据挖掘等分析手段探索数据之间所隐含的关系，了解学生实际学习情况，分析学生的性格特点以及学习特征。其中包括利用数据筛选和数据剔除对数据进行修正，利用可信赖数据对数据进行

修正，构成相关联数据的集合，应用关联规则、决策树、神经网络、遗传算法等数据挖掘技术使数据的意义显现。该部分是应用大数据技术突出学习个性化的重要环节。

第四部分：个性化方案制订和实施。数据挖掘生成的结果呈现形式难于理解，需要通过可视化技术的处理才可以使数据中隐含的意义显现出来。当今在教学中应用的数据可视化技术主要有：Visual Eyes——在线可视化编辑工具；Google Trends——揭示数据关系；Many Eyes——集合可视化工具的在线社区。以布鲁纳的教学目标分类和柯氏四级培训评估模式为理论基础，对学生学习情况进行评价并制订出有针对性的学习计划并提出指导意见，实现高职院校学生的个性化学习。

二、注重过程性评价，丰富评优管理内容

比格斯在评价"3P"教学模型（presage，process，product）时提出"课堂系统中有四个主要的组织成分：两个与'前提'相关的成分（有关学生和教师的背景），一个与学习过程相关的成分（学生的学习方式），以及一个与学习结果或产物相关的成分"。其中，过程作为连接前提与结果的成分在学习活动中发挥着重要的作用，对其加以分析可获得学习者的学习方式以及实训操作过程等信息，这些信息对于强化学习效果和操作技能具有推动作用。而传统管理模式的评价方式表现为重结果、轻过程，难以对学习方式等深层次的信息进行分析，具有一定的局限性。在这种情形下过程性评价应运而生，现代信息技术的发展满足了获取学习过程中的数据和信息的基本要求，促使过程性评价在高职院校中得以推广。

针对调查中评优管理存在的问题及产生原因，大数据背景下在评优管理中注重过程性评价的出发点有以下几个方面：

第一，可行性。目标管理理论认为建立完善的目标管理体系对于目标的实现是十分必要的，同样在评优管理系统中制定具体的、可行的过程评价标准也是工作的重点。过程性评价能够发挥作用的前提是评价切实可行，一方面，要求评价指标具有可操作性，并且符合学生发展规律以及管理原则和目标；另一方面，要求评价实施过程有严格的流程，从而保证评价指标可以落实到具体行为上。

第二，多元性。现有的评优管理中存在评优手段单一、评价主体单一等问题，以此为出发点，在设计评优管理系统时要注意以下两方面：一是指评价主体多元

化，可以由教师、管理者、同学、自己及数字设备等进行评价。二是指评价方式多元化，可以包括他评、自评、互评以及数据直接生成的评价。

第三，及时性。针对管理反馈较滞后等问题，所设计的评优管理系统注重信息收集的实效性。及时有效的评价可以提高管理者的敏感度，为决策提供实时参考，也可以进行反馈帮助学习者调整自己的行为。

第四，导向性。人本管理理论认为人具有不断发展和完善自我的潜能，在调查中也发现大多数高职院校学生具备自我管理的能力，但在此过程中需要指引和帮助，优质的评优管理可作为学生发展的导向。评价的目的是了解学生学习情况和为决策提供依据，而对学生而言，评价本身就具有激励作用。在实施过程性评价过程中要注重导向作用，引导和促进学生向更有效、更优质的学习方式迈进。

三、提高学生管理数据利用率

目前，如何有效开发利用好数据信息成为高职院校需面对的一大重要问题。为提高学生管理数据有效利用率，学校可从以下几方面着手：树立新的管理观念，充分利用大数据的便捷性帮助管理人员做好学校日常的管理工作，切实以学生为中心，利用数据帮助学生解决实际问题。例如，学生的就业情况和心理健康状况都是高职教育的重点和难点。管理人员可以通过大数据来对学生的就业情况和社会企业的人才需求进行整理和分析，通过大数据分析学生的求职期望，结合当前企业和单位的招聘状态及时推送相关信息。

利用大数据可帮助高职学生分析自身薄弱点，尤其是在职业技能上，这样才能帮助学生强化自身能力，为今后的就业打下更加坚实的基础。通过大数据来改善学生的就业情况，也能更好地帮助企业和单位找到需要的人才。

四、整合多元信息，优化生活管理决策

近年来，高职院校学生的日常生活状况引起了越来越多人的关注，在注重技能培养的同时更关心学生是否具有良好的心理素质，是否能够做到"学会做事、学会生存、学会生活"。良好的生活品质除了依赖相应的思想教育之外，更需要积极关注学生生活动态。所以，高职院校学生生活管理的重要性正在不断增强。现在高职院校对学生的日常生活管理表现出一些不足，例如，对学生生活情况了解不够全面，大多局限在入学初所输入的信息范围内；信息获取以静态为主，大多采取纸质提交的方式进行，信息滞留时间较长；重视程度不够，生活方面的问

题具有潜隐性，不易被察觉，部分管理者意识不到其重要性。大数据与学生日常生活相结合在一定程度上可以弥补以上不足，推动高职院校学生日常生活管理的优化，促使高职院校学生在享受高质量的校园生活的同时培养良好的品德和心理素质。

目前，我国已经有部分院校将大数据应用于学生生活管理工作中。例如，南京理工大学以学生在食堂消费过程中生成的数据为依据进行数据分析，从而确定需要给予补助的学生。华东师范大学在此基础上设置了人工识别环节，系统检测出有消费异常的学生，学校管理人员会进一步确认，从而保证真正有困难的学生得到及时的帮助。

大数据以其独特优势为高职院校学生日常生活管理提供了新的优化路径，具体可以从以下三方面寻找突破口。

第一，便捷学生生活。依据人本管理理论中以人为本的观点，一切学生管理工作的出发点和最终目的都是为学生提供更好的服务、促进学生的全面发展。所以，在优化过程中应当优先考虑学生的实际需求，把为学生提供便利作为出发点。

第二，了解学生动态。管理反馈滞后在生活管理方面的体现更为突出，因为学生人数众多、性格各异，每个学生所表现出来的行为不尽相同，而且会随着时间的推移而不断变化。好的管理应该做到了解学生的实际情况、关注学生的实时动态，这样才能制定出更合理、更及时的管理方案。

第三，决策有据可依。针对决策依据主观化的问题，在设计管理系统时应更加注重信息的收集和利用。大数据理念使得原有单纯依靠经验而进行的决策很难满足学生管理的需求，急需更客观、更真实的依据出现。实际上，由于数字设备的投入在管理过程中生成的数据正在成倍增长，这些数据在大数据的"加工"下都可以转化为增强决策可靠性的有力依据。

不少高职院校为加强管理和方便学生推行校园一卡通的使用，学生在学校的多项活动中使用，十分便捷，同时也生成了大量的学生生活记录。大数据理念与学生日常生活管理的结合正是利用校园一卡通所收集的数据，在保证数据真实、有效的同时也可以节省数据收集的成本。整个过程可以分为四个部分：信息收集、数据整合、数据处理以及结果应用。

第一部分：信息收集。高职院校学生日常生活管理数据主要有三方面来源：一是学生的基本信息，可从学生档案或者云管理数据库直接导入。二是学生在使用校园一卡通过程中生成的数据，根据活动范围不同可划分为若干个子系统，其中包括食堂管理子系统、消费管理子系统、医疗管理子系统、浴室管理子系统、信息查阅管理子系统、电子阅览室管理子系统、图书借阅管理子系统、门禁管理子系统、水电管理子系统、银行转账管理子系统。三是附加信息，部分信息无法通过以上两种方式获得，需要单独地进行收集和录入。

第二部分：数据整合。把所收集的各个子系统的数据进行汇总，其中会含有不完整或者错误的数据，在这一过程中需要进行清理和整合。一方面需要利用相应的技术手段进行数据筛选和数据剔除，另一方面需要利用可信赖数据对汇总后的信息进行完善。之后根据数据的应用范围可划分为学生数据库、管理数据库以及活动数据库。

第三部分：数据处理。利用数据挖掘等技术探索不同数据库之间的关联，了解学生日常生活的动态和不同行为之间的关系。例如，可以了解学生活动频率、学生消费水平，可以进行男女生消费差异分析、学生阅读兴趣分析、学生消费偏好分析等，可以探索不同经营模式对学生行为的影响、不同宣传形式对学生阅读的影响、食堂调整对学生满意度的影响等。

第四部分：结果应用。数据处理的结果一方面可以帮助管理者及时、准确地了解学生在校园生活中的状态，可以通过设定预警值监控近期生活波动较大的学生并提示管理者及时地了解具体情况，可以体现出学生管理的个性化。另一方面，大量的数据资料可以作为决策依据，增强决策的可靠性，促使学生管理工作不断发展。

五、强化专业大数据分析团队建设

由于大数据时代对高职学生管理工作来说既是机遇也是挑战，所以高职院校在运用大数据技术进行学生管理工作创新的同时，也应该匹配相应的大数据技术应用团队，也就是要加强对学生管理工作实施者的大数据应用技能培训，从而有利于提升大数据分析队伍质量。这样高职院校对大数据技术的应用会更加灵活，也能在学生管理工作中挖掘更多有价值的信息。

一是高职院校应该积极采取措施来提高学生管理工作者对大数据技术应用的重视程度，并定期开展大数据技能培训工作，让他们及时更新大数据技术知识体系，进而使学生管理工作信息的处理更加高效、准确。

二是高职院校应该建立完善的激励机制，引导教师培养良好的大数据技术自主学习意识，将大数据技术和学生管理工作充分结合，便于及时发现学生管理工作中存在的不足，以及影响学生身心健康发展的诱因等，这样可以给后续学生管理工作的顺利进行提供参考。

三是学生管理工作者应该具备一定的服务意识，运用大数据技术为学生提供所需服务。比如在学生就业时，教师就可以根据学生需求来应用大数据技术搜集整理人才市场的招聘信息，帮助学生制定合理的职业规划，正确选择就业方向，通过数据库筛选为学生匹配合适的企业与岗位，从而能够很大程度上提高就业率，避免学生就业和企业招聘信息不对称的情况发生。

六、构建预警机制，增强心理健康管理时效性

近几年，因心理问题引发的校园伤害事件促使越来越多的人关注学生的心理健康问题，伴随着管理目标的更新，学生的心理健康已经成为衡量人才培养质量的重要指标之一。学生心理健康管理要加强，但是由于各种条件的限制，现有的心理健康管理显现出一些不足。例如，学生心理状态的获取方式比较单一，大多是依靠量表和问卷进行的，不易发现学生的实际问题。心理教育大多采取统一进行思想教育的形式，缺少针对性，部分学生是产生问题之后才引起学校管理人员的注意，缺少管理主动性。大数据具有的全面性、快速性以及预测性等特点可以用于解决高职院校学生心理健康管理的部分困境，为优化管理提供新的路径。

针对高职院校学生心理健康管理中存在的问题及其产生原因，大数据背景下优化高职院校心理健康管理需要满足以下三方面的需要。

第一，全面了解学生心理状态。心理健康管理存在严重的信息收集不全面的问题。在传统管理模式下，由于统计方法的限制，收集全部数据耗费过多，所以大多采用抽样法了解学生的情况，会存在一定的误差。而现代技术的发展使得在较短时间内收集和整理数据成为可能，将其应用到学生的心理健康管理方面可以监控全部学生的数据、了解全部学生的心理状态，使学生心理管理成为面向全部学生的管理。

第二，借助行为表现了解学生心理动态。心理体现的是人内在的心理状态和心理特征，具有内隐性，但其可通过行为表现出来。也就是说如果可以对学生行为进行较全面的监测是可以洞悉其心理变化的，通过行为了解学生心理要比直接进行心理测量更真实可靠、更具有操作性。

第三，设立预警机制进行预测并干预。预测性作为大数据背景下的主要特性，在商业领域已经发挥了巨大作用。探索大数据在高职院校学生心理管理中的预测应用有助于调动管理人员的主动性，及时发现问题并及时进行干预，将学生的心理问题消除在萌芽状态。

注入了大数据理念和技术的高职院校学生心理健康管理系统包含了安全运行监管机制、预警机制、应急响应机制以及风险管理机制，可分为完善心理数据收集体系、数据加工和处理、利用预警指标进行提示、干预和监控四个部分。

第一部分：完善心理数据收集体系。根据学生的心理特点采取心理测评和行为监控并行的方式；学生档案数据的引入可以便于了解学生其他方面的情况，从而进行更为深入的心理分析；为防止对数据的过分依赖，增添了人工评价功能。具体的数据来源包括：用户管理、学生档案、心理测验、心理咨询、日常行为、人工评价。

第二部分：数据加工和处理。在这一过程中，主要是应用大数据技术对心理相关数据进行整理和处理。所收集到的大量数据首先可根据来源或者应用范围的不同进行划分，建立用户数据库、档案数据库、咨询数据库、测试数据库、行为数据库、评价数据库。然后通过数据预处理、挖掘数据集合等过程显示分析结果，并进行结果评估和比较。

第三部分：利用预警指标进行提示。首先采取经验法与数据分析手段相结合的方法制定鉴别心理问题的指标和可能发展成心理问题的预警指标。预警指标可以是单独数据的阈值，也可以是两个或者多个数据之间的相关值。之后根据不同的预警指标对不同的数据信息进行筛选。未达到预警指标的不予提示，超出预警指标的系统会自动提示管理人员并呈现该学生的个人信息以及数据处理结果。

第四部分：干预和监控。接到系统的提示之后，管理人员首先要核对该学生的信息和资料。若与系统提示的情况不符，可根据实际情况进行调整。核对无误后需要与该学生进行沟通，判断该学生是否确实存在心理上的问题，并根据学生的实际情况提供有针对性的帮助和干预。对干预的效果以及学生的改善情况可以依据学生再次生成的大量数据进行评价，确保心理健康管理工作切实有效，能够为学生提供有针对性的帮助。

七、辨别数据信息的真伪，做好监督管控

大数据时代下，网络上会出现海量的信息，针对难以辨别信息真伪的问题，高职学生管理人员要不断提高自身此方面的素养。首先，在管理过程中进行筛选并过滤有害信息，提炼出真实有效的信息，并在获取相应的信息后对信息进行科学的评估，确保信息能够运用在后续的工作中，给工作带来一定的参考价值。同时，还要确保引进来的信息能给学生带来积极的影响，不会影响学生正确价

值观的形成，并且要引导学生形成正确的人生观、价值观和世界观，促进学生成为新时代中国特色社会主义的建设者与接班人。基于此，要不断加强对大学生的媒介素养教育，让学生能够形成媒介素养，学会鉴别大数据时代的不良信息。例如，高职学生管理工作人员可以对学生开展计算机媒介素养教育，让学生充分认识到不良社会信息的危害，并学会鉴别信息的真伪，从而促进学生的全面发展。

其次，在进行高职网络数据平台建设中要运用数据监控系统实时监控，确保在第一时间及时发现不良信息，防范黑客与木马病毒的攻击，保证信息数据不会丢失。例如，在学生的开始成绩管理上，要借助科学的数据管理系统实施管理，避免由于黑客攻击而导致成绩信息被篡改和丢失现象的产生。并且还要加大力度宣传用户举报功能，让高职院校所有师生能共同参与到信息安全建设过程中，营造出和谐健康的校园环境，为信息数据安全提供良好环境。

最后，要建立起健全的制度。大数据时代的学生信息管理工作是一项庞大而又复杂的工作，除了需要信息技术的支持外，还要有稳健的制度作为支撑。数据信息会为我们的工作带来许多便利，但是也蕴藏着泄密的风险。特别是在档案管理资料及科研成果上，给高职院校发展与学生利益带来严重威胁。对此，要建立起健全的数据使用制度，以此来为工作人员提供参考依据，在管理工作中能够结合相应的规则做好自身管理工作。

同时，高职院校还要针对教育人员设置不同的管理权限，有效规避不法分子私自调取学生个人资料的问题，从而避免了信息的泄露。管理部门也要优化与完善制度，提升全校工作人员对数据信息的重视程度，从而确保学生管理工作中大数据信息技术的合理应用。

八、促进学校、企业和学生交流

由于实习管理工作内容较为琐碎、复杂，涉及学生、学校和企业三方面的关系协调，单纯依靠传统的提交申请、审批、考核等实习管理程序难以满足时代发展的需求，在增加管理人员工作负担的同时，也在一定程度上制约着管理效率的提高。结合大数据发展趋势，实习管理中存在的资源利用率低、管理反馈不及时等问题可以通过完善实习管理流程得到解决。通过整合学生在实习过程中生成的信息、学校信息、实习企业以及指导教师的相关信息，为学生的实习活动提供更多的信息和帮助，从而实现高职院校学生管理工作的规范化、自动化、网络化以及信息化。

大数据背景下实习管理流程的设计思路有以下几点：

（一）提高实习管理的效率

在调查中发现，不少高职院校仍以纸张传递信息的形式进行实习管理，使得信息传递时间过长，不能及时地发挥作用，而且在传递过程中容易出现错误和疏漏。依据科学管理理论提出的科学管理体制创新是提高劳动效率关键的观点，探索网络管理平台对于学习管理的优化方式，发挥网络管理系统减少信息传递的时间、发现错误可以及时改正的优势。

（二）借助网络实现实时交流

目标管理理论认为及时进行目标评估和反馈是保证任务顺利完成的重要因素，而在调查过程中发现实习管理过程中存在着较严重的反馈滞后问题。传统的管理模式中，学生进入企业实习后，学校对于学生的实习表现、企业提供的指导内容了解较少，监管的力度有所下降。而通过网络可以对学生、学校以及企业在实习过程中的情况进行及时了解，增加了实习的透明度。

（三）收集更多的信息和数据

针对信息收集不全面的问题，在工作过程中把实习申请、工作总结、实习成绩等内容进行整理、上传，并通过网络进行监督，可提高实习信息的丰富度。大数据最大的特点是可以挖掘隐含价值，数字化设备的使用在提供便利的同时也会收集大量的数据，这些数据可以成为了解学生动态、评价管理模式的基础材料。

依据学生实习的一般流程，将大数据背景下实习管理流程的优化分为五个部分：

第一部分：实习申请管理部分。学生可通过账号和密码登录学校的实习管理平台，管理员会将审核过的企业实习信息发布在平台上，学生可随时进行查阅并提交实习申请。审核通过后可在网络平台上进行岗前培训和管理制度阅读，之后即可准备进入实习。

第二部分：顶岗实习管理部分。由学生和企业指导教师记录，学生记录的内容有实习日志和实习报告书并上传至系统，指导教师主要负责查看实习报告书并上传实习考核表，从而实现对实习的过程化记录。

第三部分：实习总结管理部分。主要由学生撰写实习总结，教师进行审核。学生主要负责提交实习总结和上传相关附件，也可对提交的总结进行查阅；教师审核学生提交的总结和附件，通过后可确定实习结束。

第四部分：评教评学管理部分。分别由学生和校内教师做出评价，学生主要评价校内教师和企业指导教师，校内教师主要评价学生和企业指导教师。这种多元化的评价方式可以更为立体地了解到实习管理的状态。

第五部分：实习成绩管理部分。学生和教师均可通过账号和密码登录进行查阅，既可以看到学生的实习成绩，还可查阅到实习企业给出的实习评价，从而对实习过程有更为深刻的认识。

整合以上五个部分的信息和数据，分别汇入实习申请数据库、实习过程数据库、实际评价数据库以及实习成绩数据库，并将这些数据上传至云管理数据库，为其他方面的管理和服务提供资料。

九、强化相关人员数据化意识和信息化管理素养

目前，大数据背景下高职院校学生管理工作创新的最大阻碍就是学校领导层管理思想落后以及管理人员的信息素养不过关。对于高职学生管理工作创新改革，学校领导层人员肩负着主导职责，而相关管理人员则是各项管理决策的具体执行者。基于此，高职院校应该深化以人为本的发展精神，领导层发挥带头作用，积极更新自身的管理思想，同时积极组织相关管理人员参与专业培训，使管理人员吸纳更先进的管理理念，掌握最尖端的数据化管理技术。这一方面可以提升领导层人员的思想认知水平，另一方面可以有效强化相关人员的数据化意识和信息化管理素养，从而把控大数据背景下高职院校学生管理工作创新的大方向，充分发挥教育主体对提升学生管理工作效率的促进作用。

在大数据管理技术的运用过程中，必须提升管理人员的思想认知水平，有效地增强管理人员的数据化意识。在实际的学生管理工作中，对各种数据的精确把控是至关重要的。要结合大数据的数据整合功能，对学生在校情况进行精准的掌握，结合大数据技术进行信息的采集和记录。在管理工作中需要进行信息的整合，所以可以利用大数据技术进行针对性的比对和分析。在学生管理的过程中，管理人员可以利用大数据技术增加学生就业过程中的技能储备，了解学生的实际就业意愿，对具体数据进行比对和分析，掌握学生的实际诉求，保持学生管理工作的科学性和有效性。

除了增强管理意识，还要提升管理人员的大数据技术操作水平。大数据的操作是一个严密的流程，因此要对相关的操作人员进行技术培训。结合大数据所需的岗位技能提供相关的业务培训，制订岗位技能培养计划，逐步地实现大数据管理人才的专业化。在进行培训的过程中不能只是纸上谈兵，还要结合具体的数据

管理、实施手段、操作流程开展培训，从而保障操作人员准确地开展大数据管理工作。

十、提供个性化就业服务，提高就业管理质量

就业问题一直是国家和高校关注的重点，学生经过几年的学习能否顺利地找到一份满意的工作成为衡量高职院校教学质量的重要指标。我国的就业指导和管理工作起步较晚，在观念和手段上还有待优化，就业指导以授课形式为主，对学生的实际效果不明显，学生在就业时往往处在一种迷茫的状态。这些因素促使就业管理理念的更新和变革。信息化的普及使个性化发展成为可能，通过分析学生在校期间学习、生活的数据进行与学生个性相匹配的就业指导和职位推送，使每一次就业指导与职位推送都做到"私人定制"。

大数据背景下，高职院校就业管理优化的思路有以下方面：

第一，就业信息更新的及时性。大多数的高职院校在学校网站中设立了就业管理模块，但信息更新不及时，使得部分院校就业网的利用率较低。所以，大数据背景下优化就业管理工作首先要保证信息的广泛性和及时性。

第二，就业指导和职位推荐的针对性。个性化服务的理念在大数据的推动下更为突出，在就业管理过程中根据学生所学专业、爱好以及近期检索的职位特征进行有针对性的就业指导和职位推荐可减少时间成本，也可发挥信息资源的更大优势。

第三，就业过程的追踪性。结合现有的就业管理模式可知，学校大多会为学生提供招聘信息，但后续的参与和监管力度不大。大数据背景下的就业管理系统应促进学校、学生和企业三者在整个就业过程中的联结，学校既是监管者也是受益者，应提高学校在就业过程的参与度。

结合现有高职院校就业管理的不足与大数据的特性，对大数据背景下就业管理流程进行优化可分为四个部分，包括信息管理、个性化服务、数据收集与处理、监督与反馈。

第一部分：信息管理。学生和用人单位通过注册、登录进入就业管理系统，首先要录入相关的基本信息，待管理人员审核通过后即可在系统中查阅到对方的基本信息。用人单位所发布用人信息需要另行提交，同样需要通过管理人员的审核才可以发布到该系统中。此外，在数字设备的帮助下，经过审核的数据资料分别收入学生信息数据库、企业信息数据库以及用人信息数据库中，成为后期数据

分析的材料。在这一过程中，管理人员的主要职责是监督和保障双方信息的真实性，为有效的就业奠定基础。

第二部分：个性化服务。利用云管理数据库汇集的学生个人数据（包括学生的专业、成绩、图书馆借阅信息、参与社团活动情况、网页浏览记录、个人用餐和进出寝室等信息）分析出学生的性格特点、专业技能、偏好活动方式、兴趣、爱好、特长等信息，对学生进行有针对性的就业指导；再结合学生的求职要求与用人单位的招聘需求匹配程度，为学生推送与之相对应的工作。这一部分主要通过数据深挖掘来提高高职院校就业管理的人职匹配程度。

第三部分：数据收集与处理。除了基本的信息搜集与管理外，还设有在线咨询、问卷调查、简历审核与入库等环节，在促进学生与用人单位相互了解的同时可收集大量学生择业过程中的相关数据资料，及时掌握学生的择业需求以及企业的关注点，为就业管理的改革提供依据。

第四部分：监督与反馈。监督管理是该流程的重要职能，不仅在审核信息方面，对面试过程也会相应地跟进，在保障学生和用人单位的利益的同时，可以掌握本校学生的就业情况。在管理过程中收入大量的数据，这些数据经过处理可应用到个性化就业指导和职位推荐中，也可以上传至云管理数据库成为其他管理工作的数据基础。

利用大数据技术进行个性化就业指导和职位推送要注意以下几点：第一，数据处理是为就业管理服务，必须密切联系学生实际情况。数据来源于学生，是辅助了解学生的一种手段，并不能代表学生的全部情况，在应用过程中要注意合理地利用数据，在发挥数据价值的同时，更要关注学生的实际情况。第二，要在实际工作中反复检验就业管理流程的功效，发现不足及时修改。及时反馈是大数据管理的特点之一，快速准确的数据处理使应用者能很快察觉到系统和管理方式的优势与不足，在利用及时反馈特性管理学生的同时也不断地进行自我提高，这才是大数据理念的真正渗入。

第三节　微时代背景下高职学生管理工作的创新

随着自媒体社交网络时代的到来，高职院校学生的学习、生活无时不受以微信、微博、微小说、微电影为传播载体的网络媒介的影响。微媒体的流行挑战着高职院校现有的日常管理、教学管理和思想政治教育工作，这必然要求高职院校正视、重视、研究微博等微媒体。面对新形势，高职院校学生管理工作理应与时俱进、因势利导，出台新举措来适应"微时代"；管理思想上也要紧随潮流，以"被动防御不如主动出击""用点赞代替传统的表扬"等新的学生管理思想来带动学生管理工作向"微"方向转变。

一、实施"微管理"，转变和创新学生工作管理理念

（一）促进学生工作管理思维的转型

微时代背景下，随着微媒体在校园内的普及，学生工作管理者可以将微媒体平台作为新的学生工作管理阵地和载体，使学生工作管理实现现代化和科学化，从而提高工作效率。这就需要学生工作管理者进行思维的转型。

1.重视微媒体平台的潜在管理功能

微时代背景下，随着微博、微信等微媒体在大学生中的普及，管理者如果能运用这些平台作为和学生互动及管理的新方式和新途径，那么就能更好地融入学生的学习、生活中去，微媒体就有可能发挥潜在的管理功能。这就需要学生工作管理者转变思维方式，不对微媒体抱有偏见，反而要正确认识微媒体、认真研究微媒体、大胆使用微媒体。

2.由现实管理向虚拟管理转型

与学生进行面对面的交流是管理者普遍采用的方式，他们认为这种方式能较好地实现对学生的管理。但是，在微时代背景下，这种方式可能并不为学生们所普遍接受，甚至容易使部分学生产生厌烦的情绪。因此，应该将这种现实管理向虚拟管理转型，重视并尝试以学生喜闻乐见的虚拟微媒体平台实施宣传、交流、管理、服务等工作。

3.积极转变管理理念

把握微时代带来的机遇，树立"以学生为本"的理念，打造民主和谐的校园环境，构建科学完善的学生管理制度，重视学生的主体性地位，使管理更加的科学化、民主化和正规化，从而实现学生的全面发展。

学校也应适应潮流，转变学生工作管理思维，适应新环境、新要求，将微媒体平台纳入学校整体学生工作管理战略之中，加大资金和技术的投入，谋求可持续发展的创新之路，为推进高职学生管理工作健康、有序地发展奠定坚实的基础。

（二）重视微媒体的价值引导作用

大学阶段是学生形成正确世界观、人生观和价值观的重要阶段，而与各种不良信息的接触容易对大学生的思想观念和道德认知造成不良影响，甚至出现理想信念不坚定、价值观混乱等问题；如果不及时加以引导，就可能造成难以弥补的遗憾。微时代既有利于学生更新思想观念，又容易使他们受到不良信息的误导，影响他们正确观念的形成。但是，如果能引导学生正确使用微媒体，使他们具有良好的微媒体使用素养，他们就能有选择性地利用微媒体平台中的资源，从而抵制不良信息，促进学生自身的全面发展。首先，高职院校可尝试开设微博、微信等微媒体使用技术培训班或选修课，向学生传授微媒体的基本知识和主要用途，使他们了解微媒体的传播途径和方式，提高对微媒体信息的独立思考、理解和批判性选择的能力，远离不良微媒体环境，并强化学生微媒体使用的道德意识和法治观念；其次，指导和鼓励学生尝试参加微媒体实践活动，提高微媒体使用技能。如制作微视频、微电影及举办微公益校园活动等。

二、打造"微队伍"，优化学生工作管理队伍

（一）建立"四位一体"的学生工作管理队伍

微时代背景下，可尝试利用微媒体平台的便捷、快速、易互交的特性建立辅导员、教师、学生干部和家长"四位一体"的学生工作管理队伍。辅导员、教师、学生干部、家长不仅要在学生管理工作中发挥好各自的作用，相互之间还要加强配合、加强交流，实现优势互补、协调一致，从而实现"1+1+1+1 ＞ 4"的效果，最大限度地发挥"四位一体"学生工作管理队伍的功用。

1. 辅导员方面

辅导员是学生思想政治工作和日常管理的骨干力量，是学生健康成长的指导者和引路人。他们的主要职责是负责学生思想政治教育工作，学生党团、班级工作，学生学业、就业、交友、心理指导咨询工作，学生宿舍管理、奖助困补、安全维稳等工作，在大学校园中与学生接触得最多、关系最为密切，学生对他们的依赖程度比较高。辅导员所带学生比例一般不低于 1：200，工作量大，任务较重。微时代背景下，辅导员可以利用微媒体平台提高工作效率，扩大学生受众面。如利用班级微信、微博、QQ 等微媒体准确地传达信息，巧妙地描述事件，积极地交流互动，有序地管理引导，以达到更好地服务学生的目的。

2. 教师方面

可从已有校园资源入手，一是加强对学生工作管理相关部门，如学校学工处、保卫处、招生就业处、后勤处、团委、各（院）系学工办、学院／班级等教师的培训，提升他们使用微媒体的能力，鼓励他们利用微媒体平台开展工作。在具体工作中，他们既要维护好部门或个人的微媒体平台，又要关注和参与到学生媒体平台中去，这样才能达到较好的管理效果。如通过微博、微信或 QQ 与学生交流既能增进师生感情，又能及时了解学生动态；或是利用自己的微媒体平台在学生中传递正能量，引导学生树立正确的"三观"。二是专业教师。专业教师也可以通过微博、微信、微课程等学生所喜闻乐见的方式来组织课堂，并积极地与学生在学习上交流互动，甚至可将课堂延伸到课堂之外、课余时间，以增强学生学习的积极性，巩固教学效果。

3. 学生干部方面

除了学生会、团总支、社团联合会、青年志愿者等学生组织的学生干部之外，还可以组建一支作风好、纪律强、技术强的学生干部队伍深入学生中间，积极转发传播学校官方信息，及时关注学生中的舆情动态，传递正能量，发挥学生朋辈相互影响的积极作用。如组建学生干部微团队，专门进行微电影、微故事、微公益、微访谈等微素材的制作，并发布到微媒体平台上，以达到教育管理的目的。

4. 学生家长方面

随着微时代的到来，越来越多的家长也使用微博、微信、QQ 等微媒体，这就为教师、学生、家长三方互动、共同关注学生的成长提供了更好的平台。如教师可将学生在校园的学习、生活、心理等情况通过微媒体平台向家长反馈，特别是部分重点关注的学生对象。这样家长就不受限于时间、空间，能及时了解学生最新动态。

为了更好地发挥"四位一体"的学生工作管理队伍的作用，学校也可通过开展微媒体培训、社会考察、知名媒体机构交流经验等学习活动加强他们对微时代的认识，鼓励他们提升使用微媒体的技术、能力。

（二）建立微信公众号，及时收集学生的建议和意见

高职院校的学生独立思维强、实践能力强、自主创新意识强，因此，学生会有一个独立的圈子，私下讨论专业的知识点、提高技能的方法。当然，也有一些群体会聊一些其他话题，比如游戏如何过关、装备如何升级、哪些网络小说最火、

学校针对学生管理有哪些弊病等。这些话题一般情况下不会传递到管理人员或教师的耳朵里，只是在学生中间被广泛传播。为此，高职院校的管理人员应根据实际情况采取有效措施收集和整理学生的反馈信息，而设立微信公众号就是最直接的手段。

学生们通过关注公众号进入公众号管理界面，管理人员每天在公众号里发布一些学生关心的话题，以激发学生们的讨论兴趣。比如食堂饭菜质量问题、夜间学生宿舍安全管理问题、个别内向学生厌学问题、打架斗殴的倾向问题、学生心理素质评估问题等，都可以作为公众号中的讨论话题。针对这些问题，学生们可以畅所欲言，从不同角度进行分析和讨论；而公众号的管理者可定期收集学生的合理化建议和意见，开阔学生管理工作视野，提升学生管理工作效率，为学校各项工作的正常开展奠定坚实基础。

三、搭建"微媒体"，建立和健全学生工作管理平台

（一）建设微媒体基础设施

微时代背景下，为了使微博、微信等微媒体平台顺利进驻高职院校并发挥其作用，学校必须建设并配备满足微博、微信等微媒体平台使用需求的基础设施、硬件环境和软件设备，并且长期管理维护，以保障微媒体平台在校园内的广泛运用。如校园 WiFi 覆盖面要广，能覆盖教室、实训室、图书馆、运动场、食堂、学生宿舍等区域。总而言之，就是要做到以硬件条件为基础、以相应软件程序为补充、以长期维护为支撑，这样才能保障学生管理工作能够运用微媒体平台长期有效地开展。

（二）搭建多元微媒体平台

首先，注册学校的官方微博、微信公众号等平台，构建家庭、学校、企业、社会互相关联的平台，并经常更新动态，保持与外界之间的信息交换；其次，建立各院系、部门的微博、微信等微媒体平台，通过双向互动倾听学生的意见和建议，不断提高学生工作管理的服务质量；再者，鼓励教师开通个人微博、微信等微媒体平台，并与学生进行互动，为学生学习、生活提供帮助；最后，鼓励学生组织、社团、班级构建自由、民主、文明、守纪的交流平台，进行群体之间的互动和思辨，激发学生及学生工作的活力。此外，搭建学校、部门、教师、学生组织的多元微媒体平台后，不能只建不管，还应加强监督、管理、维护，统一协调，相互补充，避免重复，以实现有效利用。

（三）构建精品微媒体平台

微时代背景下，为了更好地发挥微媒体平台在学生工作管理中的作用，还可构建专门的、针对性较强的学生工作管理精品微博、微信公众号平台。如注册"校园百事通"微信公众号，并有针对性地以学生工作管理内容为主来开发微信公众号的模块。如在"校园百事通"微信公众号中创建学生教育、学生管理、学生服务等模块菜单。在学生教育模块中设置党团教育、理想信念教育、法治教育、心理健康教育、安全教育、主题教育等栏目；在学生管理模块中设置校纪校规、奖惩通报、学生动态、档案管理、事务管理等栏目；在学生服务模块中设置文件通知、学习园地、就业创业、主题活动、校园生活、课表成绩查询、奖助困补贷、虚拟社区、联系我们等栏目。每个栏目下还可以添加子栏目，如事务管理栏目下开设宿舍管理、勤工助学、请假申请等栏目。所有栏目中的内容运用文字、图片、视频、音频等素材，且贴近学生、贴近生活，用具有地方特色、学校特色、学生容易接受的语言引起学生的认同和共鸣，吸引学生注意力，满足学生需求，增加学生关注、点击、阅读、参与、转发、评论的兴趣，使得平台能够受到学生的广泛关注，从而不断提升学生工作管理的服务质量。

（四）优化使用微媒体平台的监督管理机制

微时代背景下，微媒体技术在校园广泛运用。在这种环境下，信息的发布和使用比以往更加自由，且信息的传播在某种程度上处于一种"时间、空间、资讯无障碍"的状态，具有不确定性和难以控制性。另外，由于平台太多，且呈现自发、松散、无序的状态，缺乏统一组织，加上平台之间没有相互协调机制，难以实现有效利用。因此，微时代背景下，系统化的制度建设和科学的监督管理机制的落实显得尤为重要，可尝试采取如下措施：首先，研究制定科学、有效、统一的微媒体运行规章制度，加强对微媒体的有效监管。其次，对校园内多层次的微媒体平台进行监督和引导并实时检查，从源头上净化过滤不良有害信息，确保学生拥有健康环境。但也要注意留有适当空间，避免挫伤学生参与的积极性。最后，实施线上、线下两手抓的监管机制，结合传统的管理方式，扩大监管的范围。微时代背景下，高职院校只有与时俱进地研究出科学的微媒体使用管理方法，并建立合理的微媒体使用管理机制，才能营造安全、有序的校园环境，维护校园稳定。

四、开展"微活动"，丰富与创新学生工作管理方式

（一）营造"微活动"校园文化氛围

大学生十分注重校园文化生活，营造良好的"微活动"校园文化氛围可以调动学生参与活动的积极性。高职学生工作管理者可以尝试将微博、微信等微媒体平台运用于组织校园"微活动"中，并通过"微活动"向大学生传播教育知识信息，弘扬社会主旋律和树立正确的价值观念，以突显"春风化雨、润物无声"的管理特色，为更好地开展微时代背景下高职学生管理工作奠定基础。首先，可尝试挖掘和培养一批思维活跃、现代意识强、善于策划组织且多才多艺的教师或学生干部队伍，使他们深入学生中间，并能够顺应时代需求不断探索新的活动形式；其次，加入"微时代""微时尚"元素推广校园文化活动，广泛地吸引大学生积极地参与进来；最后，创新校园文化活动形式，在传统的校园文化活动形式的基础上，举办一些符合微时代发展潮流、以"微时代"为主题的校园文化活动，比如微电影比赛、微博摄影评比、微商创业活动等。开展微时代校园文化活动，既丰富了学生的课余生活，又锻炼了学生的人际交往能力，有利于学生积累社会实践经验。

（二）推广"微公益"校园项目

"微公益"指的是通过微不足道的事情来进行公益事业的传播，汇微小成巨大，微公益强调积少成多。在微时代，人人都是"微公益"的践行者。在学生中开展"微公益"校园活动项目，既能够帮助一些特殊学生，解决他们的困难，更能弘扬互帮互助精神，增进学生之间的感情，传播正能量，实现"育人无形"的效果。高职院校举办校园"微公益"活动意义深远。校园中的"微公益"活动不仅仅是一种简单意义上的校园文化活动，更重要的是通过"微公益"活动可培养学生感恩的生活态度，提升学生的社会责任感，提升学生的思想道德品质，以达到"我为人人，人人为我"的人生境界。因此，高职学生工作管理者要了解有关"微公益"的基本知识，并结合工作中的实际情况，经常举办一些适合学生参与的"微公益"校园活动，并在学生中积极地宣传。例如，在学生中发起"一月捐献一元"的"微公益"校园活动，帮助校园中家境困难、患有严重疾病的同学；向同学们倡议捐出自己不用的书籍等学习用品或衣服等生活用品，寄给偏远山区的学生。

第四节　自媒体背景下高职学生管理工作的创新

一、创新大学生管理工作理念

（一）重视将自媒体应用于高职学生工作

自媒体已经被广泛运用到社会中的各个领域，并且影响的范围不断扩大，已深入高职学生的日常生活中。高职学生群体在自媒体的使用总人数中所占比重较大，给高职院校的学生管理工作带来诸多挑战，同时自媒体平台也为学生管理工作带来诸多便利与机遇。高职院校应正视自媒体进高校，重视高职学生管理人员运用自媒体平台进行工作。此前相关学者提出自媒体的应用是一把双刃剑，高职管理者应正确认识并看待自媒体的发展，不能只看到自媒体对学生和学生工作的消极影响。高职学生管理工作者要重视和适应网络时代的发展给学生带来的新变化，及时更新大学生管理工作理念。在汲取传统学生管理工作精华的基础上，积极利用自媒体探索学生管理工作的新方法。在时代的推动下，高职学生管理工作者要积极主动地增强运用新媒体平台的能力，正视自媒体应用给学校和学生带来巨大影响的现实，不能对自媒体应用于高职学生管理工作抱有先入为主的偏见，加大对自媒体平台的重视度，利用自媒体技术做好高职学生管理工作。

（二）转变传统观念，树立"双主体"管理理念

对高校学生管理工作者而言，面对自媒体带来的全新工作环境，首先要转变传统学生管理工作理念，树立"双主体"管理理念。在这里需阐明的一个概念就是主客体双重性。德国哲学家胡塞尔（Husserl）认为无论是在知识理论上还是在活动实践上，每个人作为现实存在时既是主体也是客体，具有主客体的双重性。在以往高职学生管理工作中所运用的就是主客体的管理理念，即学生管理工作者在教育管理过程中处于绝对的主体地位，学生处于从属的被动客体地位，没有主体地位可言。但是在自媒体快速发展的今天，高职大学生的知识范围和信息量不断拓展，思维和视野灵活而开阔，不再如前文所言主客体分明。教育双方的知识不对等局面被自媒体的信息快速传递功能打破，被动的受教育者可以自由接收海量信息。

高职学生管理工作者在利用自媒体对学生进行管理时，要增强以学生为主体的意识，发挥他们的主观能动性。鼓励他们在自媒体平台上自由表达想法，充分体现主客体双重性，使双方在自由、平等的互动交流下进行沟通。利用自媒体平台的开放性和交互性可改变传统的学生管理工作模式，提升学生的自主学习和服务意识。

二、推进高职学生管理工作团队建设

（一）提高学生管理工作者的媒介素养

自媒体已经成为高职学生日常学习生活中不可缺少的组成部分。高职院校的学生工作管理者作为大学生的引导者，不能拘泥于传统的教育理念，应该与时俱进、勇于创新。所以每一位学生管理工作者都必须学会用让学生更能接受的管理方式，利用自媒体的独特性成功达到教育目标。这就要求高职学生管理工作者积极学习自媒体相关理论，精通自媒体应用技术，以期将自媒体更好地与教育管理目标相融合。

提高学生管理工作者的媒介素养，首先应该构建自媒体媒介素养理论。在构建该理论的过程中，应融合社会学、传播学和教育学等理论知识，提炼出具有创新性的学生管理理论。在实践的过程中不但要以媒介素养理论为出发点，同时坚持"以学生为本"工作思想，紧紧围绕高职学生管理工作的实际情况将创新性理论与实际相结合。在自媒体时代，高职学生管理工作者要创新管理思维，更要将视域放宽，结合管理岗位的相关知识不断探索大学生管理工作的创新模式。其次，对媒介素养的研究需要学生工作者的共同努力。积极探讨制定学生管理工作媒介素养的培养方案，邀请相关专家莅临指导高校学生管理工作者，以便在开展自媒体学生管理工作时有章可循。通过积极参与高职自媒体平台的运用培训，提高学生管理工作者的媒介素养。最后，高职学生管理工作者的媒介素养培养方案需要健全的保障机制。高职院校将自媒体团队的媒介素养与工作绩效相关联，以提高高职院校各个管理层面的重视程度。高职院校也应重视人才的专业素养培养，及时提供财政支持和出台相关鼓励政策。此外，还可以建立校企合作机制，高职院校与社会自媒体机构合作，共同研发高职自媒体平台，学习相关制作技术，更加深入地了解和熟悉自媒体的应用发展。想要提高学生管理工作者的媒介素养，需要社会各个组织共同努力，如政府部门、高校和社会传媒，建立健全高职学生管理工作团队素养培养体系。

（二）加强专业自媒体学生工作者队伍建设

随着自媒体时代的到来，高职学生管理工作者逐步改变传统的工作模式，树立先进的学生工作理念，重视应用自媒体平台开展学生管理工作。各大高职院校逐渐意识到自媒体平台对学生日常管理的重要性，多数高职院校开始顺应时代发展趋势，加大对学生管理工作的投入力度，即便要从资金和技术上加大投入力度，也要建立一支专业性强的自媒体学生管理工作队伍。鼓励学生管理工作者积极学习自媒体相关技术、知识，不断更新理论知识，建立一支兼具自媒体媒介理论知识和熟练掌握自媒体技术的专业性学生管理工作队伍。

每个高职学生管理工作者的工作目标都是一致的。做好学生管理工作不但是职业使命，同时也可以加强校际的紧密联系，共同研讨学生管理工作经验，丰富高职院校自媒体学生管理工作平台的各项指标。在加强建设专业自媒体学生管理工作队伍的途径上，高职院校可进行校企合作，使社会自媒体平台建设公司为学生管理工作者开展自媒体应用相关培训，使学生管理者接受专业的技能培训，提升自媒体专业技能。

三、建立高职学生管理工作自媒体平台

（一）提高自媒体平台的管理应用能力

建立高职多元化自媒体管理平台，对于提高自媒体时代高职学生管理工作质量尤为必要。高职院校可以利用现有自媒体社交平台开设社交账号，通过制作自媒体视频等形式增强高职院校自身的自媒体信息化管理影响力。利用高职学生对于网络信息的敏感度和接受程度更高的心理，使高职学生能根据高职自媒体平台发布的信息自行履行有关管理规范，提高高职院校学生管理工作有效性。在此过程中，随着高职院校自媒体平台影响力的不断增强，学生在管理方面的参与度也将进一步提高，利用自媒体平台交互信息，可以在有效收集学生管理建议的同时，更好地了解教师与学生管理诉求，使高职学生管理工作方向能与学生、教师管理需求充分契合，有效解决高职学生管理工作质量不高的问题。

（二）重视学生工作中的自媒体建设格局

目前，高职院校对于自媒体的建设大多停留在"有自媒体"阶段，并没有在实践中进入"用自媒体"的阶段，更多的高职院校因为自身对自媒体平台的不重视而使自媒体的应用流于形式、疏忽管理。在自媒体盛行的时代，高职院校不应该在以微信或微博为主的自媒体平台上丧失话语权，否则高职课堂上的日常正面教育效果会被网络的海量信息所削弱。因此，高职院校要逐步改变因自媒体发展而丢失话语权的局面，扩展高职学生管理工作空间，培育出具有权威性的自媒体平台话语代表者。

当然，也有高职院校应用自媒体平台成效显著的案例。如一些高职院校的自媒体平台会定期发布和校园生活息息相关的话题，或发布解决校园生活及学习中的问题的攻略，及时解答同学的提问，真正将校园自媒体平台与学生的学习和生活融合起来。自媒体应用产生了一系列好的效果，所以需要重视起学生管理工作中的发展格局，具体的实施工作可以逐步开展。如成立新媒体部门，整合新闻部门或宣传中心共同打造具有高校特色、以学生为主体的自媒体平台，真正关注有关大学生的热点和焦点问题，引起大家的广泛讨论。建立学生管理工作自媒体平台的动态常态化发展机制，不但可以体现学院优势学科特色，展现学生工作的活跃氛围，而且还可以达到吸引校外优质生源的效果。

高职院校初步建立自媒体平台后，首先应建立适合自身发展情况的学生管理工作自媒体平台管理体系。学生管理工作者应及时掌握自媒体平台内部运行机制，对高职院校自媒体平台的整体风格和发布内容进行准确定位；统一制定自媒体平台运行标准，致力于实现高职学生管理工作自媒体平台的可持续发展。

（三）加强学生管理工作的自媒体渠道建设

学生管理工作的载体是指在学生管理工作过程中被管理主体运用，加强与客体之间互动的一种工作形式。对于高职学生管理工作载体的要求，首先是必须承载学生教育管理的信息，能够为学生管理工作者所使用；其次是能够借助这种形式加强主客体之间的互动联系。众所周知，自媒体具有信息承载和传递的功能性，主客体之间相互紧密联系，从而成为高职学生管理工作的创新载体。作为学生教育管理工作的载体，自媒体平台能够提高管理工作的时效性，对信息的及时发布能够体现出信息传播的规模效应，不但节省了信息层级传递之间的人力消耗，而且还能够扩大学生管理工作的覆盖面。

高职院校应充分利用自媒体这一媒介，在已有渠道的基础上加强高职学生管理工作渠道建设。不用局限于建设单一的高校或学院官方微信公众号平台，可以拓宽学生管理工作自媒体平台渠道，以形成自媒体平台矩阵。如以高职院校官方自媒体平台为首，校团委、党支部、学生会等部门分支成立具有部门使命的自媒体平台，从不同的视角发布更具有针对性的学生管理工作信息，发挥自媒体之间的协同效应。

四、建立健全自媒体监管机制和舆情管理机制

（一）完善高职自媒体监管机制

自媒体作为当代高职大学生信息传播中使用最广泛的信息传播媒介，是信息载体的组成部分，高职管理部门必须予以必要的监管，相关部门应成立专门的监管机构。出台学生管理工作自媒体平台运行的规章制度，以加强对新媒体的有效监管。监管部门必须及时了解自媒体平台上的相关信息发布状况，起到监督管理作用。在自媒体平台上，任何个体既可以是信息的传播者，也可以是信息的制造者。这时需要相关监管部门在自媒体后台进行实时监管，起到及时的信息把控作用。在日常生活中，公众较为关注的是信息发布者的信息是否能引起共鸣，能够使学生情绪波动比较大的信息往往会引起公众的广泛关注，因此自媒体平台应注重信息监管工作。

现在大部分高职大学生会花大量的时间和精力去浏览自媒体平台上的信息，对于社会的热点话题都会发表自己的观点和看法，很少会仔细辨别网络流传的信息的真实性。若发表过于偏激的个人言论，或在网络上发生言语冲突，会造成大学生的心理挫伤和个人隐私泄露等不良后果。这就要求高职学生管理工作者进行信息监管，从根源上净化网络环境，保证高职大学生在健康的自媒体平台上浏览、发布和传递信息。目前，我国包括自媒体在内的网络立法其实是有所滞后的，有必要将对自媒体的监管机制上升到法律高度。自媒体营造的是一个诉求与意见表达的开放性空间，对现实的社会产生了深远的影响。互联网时代下，自媒体打破了信息的垄断局面，信息往往能够快速且不受限制地发布，这就瓦解了官方媒体对于信息的垄断，同时成为官方实施信息管控的障碍。党的十八届四中全会以来一直强调"依法治国"，法律是社会稳定的内在要求。因此，在确保公众的言论自由和知情权的基础上，应加快有关自媒体平台的立法进程，完善自媒体平台的监管机制，这是自媒体发展的必然要求。

完善自媒体全程监督机制。首先在事前，对学生管理工作自媒体平台中发布的信息内容进行合理的监管，对高职院校或社会中产生的敏感话题或突发事件予以及时的关注。事中，对于已经发生的造谣事件或传播虚假信息的技术进行辟谣。事后对造谣者、引起不良舆论导向者进行不同程度的处罚，追究其责任。

（二）建立高职自媒体舆情管理机制

舆论情况简称舆情，是指在社会的一定时间和空间范围内，社会中的公众对社会某一热点话题表达的态度和看法。网络舆情则是以自媒体平台为载体引发的

群众在网络上对问题的态度与看法的综合。网民是网络舆论扩散的主体，通过网络平台的交流和互动自由发布个人见解和表明态度。对于高职院校而言，其舆情主要阵地是微信、微博等自媒体平台。高校舆情能够直接、快速地反映出当下大学生所关注的社会热点，高职院校对舆情的判断有助于学生工作者了解大学生的思想动态，因此加强高职院校的舆情监管工作至关重要。

首先，高职学生管理工作者是校园舆情监管的中坚力量，既能做到有效控制舆情发展，高效引导舆论方向，还可以及时了解大学生的思想动态，防止大学生心理波动较大引起的混乱。因此，高职学生管理工作者要及时了解学生思想动态，积极做好思想疏导工作。其次，高职院校的舆情监管需要技术支撑。高职院校应加大投入和培养力度，提升高职学生管理工作人员的媒介素养，最终形成一支专业的自媒体平台监管团队，对校园舆情进行必要的有效监管。最后，面对已发生的不良网络舆情，要及时采取应对措施，避免网络暴力事件的发生。

参 考 文 献

［1］钟贞山.权益诉求视域中的大学生管理法治化研究 [M].南昌：江西人民出版社，2012.

［2］刘筱彤.大学生高校管理参与权研究 [M].武汉：中国地质大学出版社，2015.

［3］周航.高校学生资助工作精致化管理的探索与实践 [M].成都：西南财经大学出版社，2016.

［4］陈春莲.基于认知理论的新时期高校学生事务管理模式研究 [M].武汉：武汉大学出版社，2016.

［5］李熙.互联网＋时代高校学生管理模式的转变及创新 [M].长春：东北师范大学出版社，2017.

［6］马洪奎，张书玉，薛莉华.探索与实践：大学生思想政治教育与管理工作研究 [M].成都：西南交通大学出版社，2017.

［7］王文杰.高校学生事务管理工作案例选编 [M].北京：光明日报出版社，2017.

［8］唐杰.人力资源管理理论在高校学生管理中的应用研究 [M].成都：电子科技大学出版社，2018.

［9］张家莉.法治理念下的高校学生教育管理创新 [M].北京：九州出版社，2019.

［10］胡睿.新时代大学生管理工作的探索与实践路径 [M].北京：中国水利水电出版社，2019.

［11］孙小龙，沈红艳，江玲玲.国际视野下高校学生事务管理发展研究 [M].北京：中国书籍出版社，2019.

［12］杨金辉.校园文化建设和学生管理工作的互动机制 [M].北京：原子能出版社，2020.

［13］杨锐.新时代高校学生事务管理理论与实践［M］.长春：吉林人民出版社，2020.

［14］王炳堃.高校大学生管理教育与校园文化建设［M］.长春：吉林出版集团股份有限公司，2021.

［15］陆宝萍.高校学生公寓管理及文化建设初探［M］.北京：北京理工大学出版社，2021.

［16］邓军彪.地方高校大学生管理工作的创新与实践研究［M］.汕头：汕头大学出版社，2021.

［17］张明敏.高职学生管理观念的现代化转变探讨［J］.产业与科技论坛，2020，19（12）：260-261.

［18］祁克云.立德树人理念下的高职学生管理模式探讨［J］.安徽水利水电职业技术学院学报，2020，20（02）：88-90.

［19］严敏杰.浅谈高职学生管理面临的问题及对策［J］.山西青年，2020（12）：181.

［20］殷正阳.探索"互联网＋"时代下高职学生管理的信息化建设［J］.中国校外教育，2020（15）：119-120.

［21］邹欣云.制度化与人性化相融合的高职学生管理机制探析［J］.农村经济与科技，2020，31（10）：333-334.

［22］贾一琦，刘雷，刘雪飞.大数据时代高职院校学生教育管理完善策略［J］.知识经济，2020（13）：131-132.

［23］何振华.新媒体环境下高职学生管理面临的挑战与对策分析［J］.科技资讯，2020，18（11）：107-108.

［24］胡颖蔓，李奇志.新时期校园文化建设背景下高职学生管理探索研究［J］.当代教育实践与教学研究，2020（07）：106-107.

［25］冉启兰.高职学生管理过程中的问题及对策分析［J］.大众标准化，2020（04）：210.

［26］武秋梅.互联网时代高职学生管理工作的新思路［J］.西部素质教育，2020，6（03）：212-213.